"双新"名校名师助学丛书

生物学必修2学历案
遗传与进化

本书编委会

主　　编　张秀珍

参编人员　王　双　韦玉红　孙　静　白　琼　李苗苗

　　　　　李娟娟　李科杰　陈　萍　张金鑫　张　烈

　　　　　吴菊香　陈　鑫　周义道　钟彬彬　剧建芳

　　　　　章蔼然　黄久虎　曾　平

上海交通大学出版社

SHANGHAI JIAO TONG UNIVERSITY PRESS

内容提要

本书以《普通高中生物学课程标准(2017年版2020年修订)》和现行《普通高中教科书·生物学·必修2·遗传与进化》为依据,对高中生物学每一课时的学习设置了不同功能栏目,栏目包括"内容出处""课标要求""学习目标""评价任务""学习过程",并且设置了与学习目标相匹配的评价任务来获取学生学习结果的证据。学生在本书的指引下,能经历课前、课中、课后学习的全过程,从个人尝试、合作学习到自我评价和学后反思,从专注倾听、动手实验到参与讨论等,经历多途径、全方位的习得过程,从而建构生命观念,提升科学思维和科学探究能力,培养社会责任意识,为终身发展打下坚实的基础,能更好地应对未来社会发展的挑战。本书适用于高中学业水平等级考学生和高中生物教师。

图书在版编目(CIP)数据

生物学必修2学历案:遗传与进化/张秀珍主编.
上海:上海交通大学出版社,2025.2. —("双新"名校
名师助学丛书). — ISBN 978-7-313-32150-3

Ⅰ.G634.913

中国国家版本馆 CIP 数据核字第 2025SS8029 号

生物学必修2学历案遗传与进化
SHENGWUXUE BIXIU2 XUELI'AN YICHUAN YU JINHUA

主　　编：张秀珍
出版发行：上海交通大学出版社　　　　　地　　址：上海市番禺路951号
邮政编码：200030　　　　　　　　　　　电　　话：021-64071208
印　　制：上海景条印刷有限公司　　　　经　　销：全国新华书店
开　　本：889 mm×1194 mm　1/16　　　印　　张：12.5
字　　数：297千字
版　　次：2025年2月第1版　　　　　　　印　　次：2025年2月第1次印刷
书　　号：ISBN 978-7-313-32150-3
定　　价：65.00元

前　言

学习是一种自我成长的方式,高中阶段的学习是学生形成生命观念、发展科学思维、提升探究能力、关注社会生活并承担一定社会责任的重要时期。为引领学生科学地安排高中生物学的课程学习,提升自己的学习能力,我们以教育部颁布的《普通高中生物学课程标准(2017年版2020年修订)》和《普通高中教科书·生物学·必修2·遗传与进化》(SKJ版)为依据精心地编写了本书,希望本书能引领学生经历高中生物学学习的课前、课中、课后全过程,并进行目标定位、任务驱动、享受过程和学后反思。

本书的主要特点有:

一、内容呈现,关注学习主体

学历案是指教师在班级教学的背景下,为了便于学生学会自主建构知识体系,在继承发展学案的基础上,围绕某一具体的学习单位,从期望"学会什么"出发,设计并展示"可以学会"的过程,给学生提供了一种认知地图,一种通向目标达成的脚手架。整个学历案的呈现过程都是以学生为主体,符合学习者的思维习惯,体现了以学科内容为单位,以如何学会为中心,帮助学生分解学习过程,达成学习目标。同时,本书注重过程评价,构建了目标明确、方法多样、既重视结果亦重视过程的评价体系,帮助学生认识自我、建立自信,优化学习方式。

二、学习资料,呈现科技热点

本书注重生物学与科学、技术、社会的联系,通过资料收集、图片呈现等反映当代科学技术的发展,同时关注生物学的技术应用带来的社会问题,培养学生的社会参与意识和社会责任感。本书还注重生活化的问题探究,通过设计问题,引导学生自主学习和多样化发展,理解生物学知识的本质,形成科学思维的良好习惯,增强科学探究能力和解决实际问题能力。

三、栏目设计,指向素养培育

本书在生物学核心素养的引领下构建了一套完整的教、学、评体系,设置了不同功能栏目。每节的学习栏目包括"内容出处""课标要求""学习目标""评价任务""学习过程"。通过各栏目的指引,帮助学生不断建构生命观念、提升科学思维和科学探究能力、培养社会责任意识,为学生的终身发展打下坚实的基础,引导学生更好地应对未来社会发展的挑战。

内容出处:本栏目指出本节的内容属于《普通高中教科书·生物学·必修2·遗传与进化》第几章第几节,帮助学生理解这一节在该章中的地位。

课标要求:本栏目基于课程要求和学习要求,指出本节的核心概念、主要概念,有助于学生抓住本节的核心知识和重点知识内容。

学习目标:本栏目参照教科书中的学习目标,结合学习实际和教材内容,形成素养导向的学习目标,是学生学习过程中要达成的学习结果。

评价任务:本栏目对标学习目标,引领学习方向,检测重要学习活动的完成和课后检测的完成情况,学生在优秀、良好、合格和不合格对应的等第内打勾,自主评价学习任务的完成度。

学习过程:本栏目分为学习建议、课前预学、课堂学习、课后检测和课后反思。学生首先通过阅读学习建议,认识本节知识的地位和作用,掌握本节知识的学习路径和重难点,对本节知识的学习有整体的把握;再通过课前预学10分钟左右,为本节学习做好铺垫。课堂学习通过3~5个学习活动,如阅读资料、图片、实验操作等活动的完成,掌握本节的核心概念;最后通过课后检测和课后反思来检测自己对于核心概念的掌握程度。

此外,本书的参考答案经过作者仔细斟酌,力争做到准确、规范和详细。这既是检验和评估学生复习质量的直接依据,也是学生规范答题的语言范本和重要的思维导向。

认真、严谨的编纂过程,负责、资深的作者队伍,使编者有信心向广大师生推荐本书,深信本书定能成为学生学习道路上的良师益友。

本书编写组

目 录

第 1 章 遗传的分子基础

第 1 课 DNA 是主要的遗传物质(上)

内容出处

普通高中教科书·生物学·必修 2·遗传与进化(SKJ 版,以下简称"必修 2")第 1 章第 1 节。

课标要求

1. 内容要求:概述亲代传递给子代的遗传信息主要编码在 DNA 分子上,多数生物的基因是 DNA 分子的功能片段,有些病毒的基因在 RNA 分子上。

2. 学业要求:(1)能归纳与概括不同生物的遗传物质。(2)能分析实验过程得出结论,并学会设计简单的实验方案。

学习目标

1. 分析探究遗传物质本质和结构的实验,发展科学思维,培养严谨细致的探究意识和实事求是的科学精神。

2. 概述多数生物的遗传物质是 DNA,有些病毒的遗传物质是 RNA。

评价任务

表 1 - 1 - 1

评价内容	等第(在对应的等第内打√)			
	优秀	良好	合格	不合格
1. 通过分析格里菲斯的肺炎链球菌转化实验结果,得出实验结论				
2. 独立设计肺炎链球菌体外转化实验并预测实验结果				
3. 阐明噬菌体侵染细菌实验原理,并分析实验现象得出实验结论				

（续表）

评 价 内 容	等第（在对应的等第内打√）			
	优秀	良好	合格	不合格
4. 阐述烟草花叶病毒（TMV）重组实验过程与结果，并得出实验结论				
5. 课后检测、课后反思的完成情况				

学习过程

—— 学 习 建 议 ——

1. 本学习内容的地位和作用

本章从分子水平阐述遗传信息及其传递规律，首先要了解遗传物质是什么，科学家们是怎样探索的。所以第 1 节安排了科学家探究生物遗传物质的四个实验，帮助学生了解遗传物质的发现过程、研究方法，认识遗传物质的本质，为后续学习遗传物质结构和功能奠定基础。

2. 学习路径

如图 1-1-1。

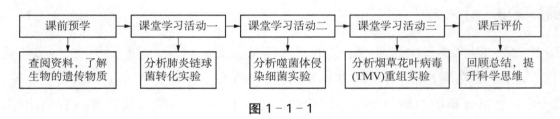

图 1-1-1

3. 学习重点和难点

本节课的重点是学会分析探究遗传物质本质的实验，从而得出实验结论，然后概述出大多数生物的遗传物质是 DNA，有些病毒的遗传物质是 RNA；难点是通过参与课堂学习活动深入细致地了解实验的思路和设计思想，自主得出实验结论等。学生在学习中可采用以下方法突破重难点：通过课前预学初步了解遗传物质的化学本质，通过后面的课堂学习活动一、二、三逐步探究遗传物质本质的实验，并通过小组交流讨论逐步概述出大多数生物的遗传物质是 DNA，有些病毒的遗传物质是 RNA。

4. 评价标准

学生可以通过参与课堂学习活动和课后检测的完成情况来判断自己对学习目标的掌握程度。例如：

完成课堂学习活动一，通过分析格里菲斯转化实验结果，小组交流讨论并得出实验结论；能够独立设计肺炎链球菌体外转化实验，并积极参与小组交流得出实验结论。

完成课堂学习活动二，阐明噬菌体侵染细菌实验原理，并分析实验现象得出实验结论。

完成课堂学习活动三，阐述烟草花叶病毒（TMV）重组实验过程与结果，并得出实验结论。

—— 课 前 预 学 ——

（时间:5 min）

任务:"种瓜得瓜,种豆得豆"是指子代会表现出与亲代相同或相似的性状,这与亲代传递给子代的遗传物质相关。遗传物质的化学本质是什么? 请阅读课本或查询网络,将你的想法填写在下面方框中。

—— 课 堂 学 习 ——

活动一:阅读并分析肺炎链球菌转化实验资料(达成学习目标 1、2,对应评价任务 1、2)

资料 1:肺炎链球菌有多种类型,其中一种在细胞外具有多糖荚膜,称为 S 菌,菌落较光滑、较大,小鼠感染后会死亡;另一种不具有多糖荚膜,称为 R 菌,菌落较粗糙、较小,小鼠感染后不会死亡。1928 年,英国科学家格里菲斯进行了肺炎链球菌转化实验,其主要过程及结果如图 1-1-2 所示。

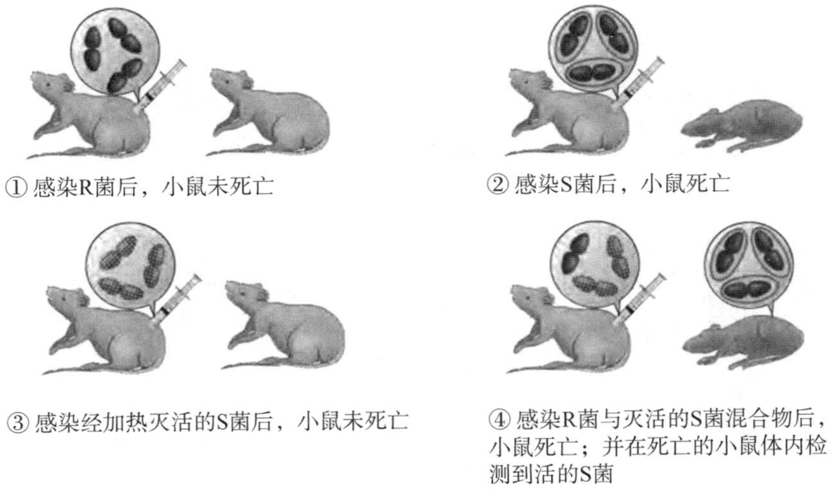

①感染R菌后,小鼠未死亡

②感染S菌后,小鼠死亡

③感染经加热灭活的S菌后,小鼠未死亡

④感染R菌与灭活的S菌混合物后,小鼠死亡;并在死亡的小鼠体内检测到活的S菌

图 1-1-2

1. 比较实验①②可以说明:_____。

2. 比较实验③④可以说明:_____。

3. 分析以上转化实验,你能得出什么结论?

_____。

4. 请推测,"转化因子"可能是_____。

资料2:1944年,美国科学家艾弗里等为了进一步探究格里菲斯提出的"转化因子"的化学本质,进行了肺炎链球菌体外转化实验。他们将S菌裂解,提取出较为纯净的蛋白质、RNA、DNA、糖类、脂类等物质,分别与R菌混合,观察哪种物质能使R菌转化成S菌。

5. 请根据实验设计在表1-1-2中写出实验结果。

表1-1-2

组别	对R菌的处理	预测结果
1	加入S菌的DNA	
2	加入S菌的DNA+DNA酶	
3	加入S菌的蛋白质	
4	加入S菌的荚膜多糖	
5	加入S菌的RNA	

6. 分析艾弗里"肺炎链球菌体外转化实验"的主要结果,你能得出什么结论?为何要设计第2组实验?

活动二:阅读并分析噬菌体侵染细菌实验资料(达成学习目标1、2,对应评价任务3)

1952年,美国科学家赫尔希和蔡斯以T2噬菌体为材料,利用放射性同位素标记技术进行了实验。

1. 图1-1-3是T2噬菌体的结构示意图,请在引线上写出成分或结构名称。

2. 图1-1-4表示T2噬菌体侵染大肠杆菌的过程,请在方框内写出名称。

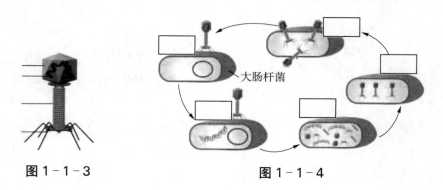

图1-1-3　　　　　　　　　　　图1-1-4

3. 阅读课本P4第2段内容,完善下列实验过程。

赫尔希等用放射性同位素_____和_____分别标记噬菌体的_____和_____后,分别侵染不含放射性同位素的_____。然后进行_____,再通过_____使混合物分离成_____和_____两部分。上清液中主要是较轻的_____,沉淀物主要是较重的、被侵染的_____。分别测定这两部分的放射性。

4. 请根据实验结果,填写表 1-1-3 并阐述你得出实验结论的理由。

表 1-1-3

组别	上清液放射性情况	沉淀物放射性情况	实验结论
用 ^{35}S 标记组			
用 ^{32}P 标记组			

理由:_____。

活动三:阅读并分析烟草花叶病毒重组实验资料(达成学习目标 1、2,对应评价任务 4)

1. 结合课本,请在图 1-1-5 中填写实验材料——烟草花叶病毒(TMV)的结构组成。

2. 图 1-1-6 为烟草花叶病毒重组实验过程示意图,请描述实验过程并得出结论。

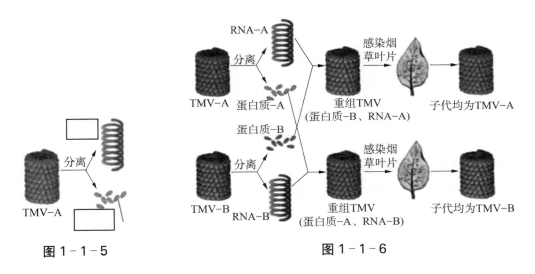

图 1-1-5　　　　　　　　　图 1-1-6

3. 根据所学知识,完善表 1-1-4。

表 1-1-4

生物种类	所含核酸	遗传物质
真核生物		
原核生物		
DNA 病毒		
RNA 病毒		

4. 格里菲斯、艾弗里、赫尔希、蔡斯、弗伦克尔-康拉特和威廉姆斯等用科学实验探究了"遗传物质的化学本质",经过科学家的不断研究,从而得出:_____

_____。

课后检测

一、遗传物质的探索

在遗传物质的发现历程中,有一些经典的实验,请参与分析以下问题:

1. (多选)科学家为研究 R 菌转化为 S 菌的转化物质是 DNA 还是蛋白质,进行了肺炎链球菌体外转化实验,其基本过程如图 1-1-7 所示。下列叙述正确的有 (   )

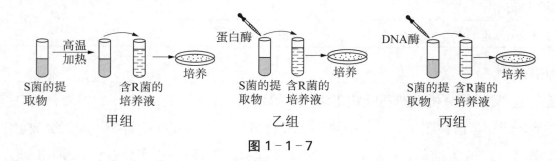

图 1-1-7

A. 甲组培养皿中只有 S 菌落,推测加热不会破坏转化物质的活性

B. 丙组培养皿中只有 R 菌落,推测转化物质是 DNA

C. 该实验能证明肺炎链球菌的主要遗传物质是 DNA

D. 离体转化实验中,经 DNA 酶处理的 S 菌提取物不能使 R 菌转化成 S 菌

E. 肺炎链球菌离体转化实验证明了 DNA 是肺炎链球菌的遗传物质

2. 关于艾弗里肺炎链球菌转化实验,下列表述正确的是 (   )

A. 证明了 DNA 是"转化因子",还证明了 DNA 可以编码蛋白质

B. 证明了蛋白质不可能是"转化因子",因为蛋白质易于降解

C. 证明了 DNA 是"转化因子",因为 DNA 酶可以使转化无法发生

D. 证明了"转化因子"具有双螺旋结构

1952 年,赫尔希和蔡斯完成了著名的 T2 噬菌体侵染大肠杆菌实验,更加直观地证明 DNA 是遗传物质。图 1-1-8 为 T2 噬菌体的结构示意图,图 1-1-9 为其中一组实验。

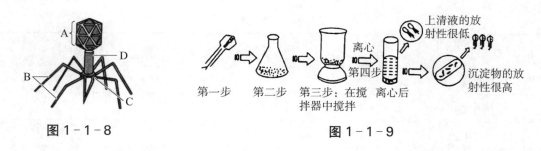

图 1-1-8   图 1-1-9

3. 图 1-1-8 中 T2 噬菌体的核酸位于_____(用字母表示)处,该实验利用放射性同位素标记技术,由图 1-1-9 实验结果可知,标记的物质是 T2 噬菌体的_____。

4. 该组实验中从大肠杆菌内释放的所有子代噬菌体中,_____(填"多数""少数"或"都不")具有放射性。

5. 若图1－1－9实验现象显示上清液的放射性偏高,造成这种结果的不规范操作可能有_____。(填编号)

① 搅拌不充分　　② 培养时间过长　　③ 培养时间过短

某同学对图1－1－9实验进行了修改,他用^{32}P标记噬菌体,^{35}S标记大肠杆菌,并将二者在适宜的条件下混合培养,获得子代噬菌体。

6. 噬菌体进行繁殖时,利用的是_____(填"亲代噬菌体"或"大肠杆菌")的_____合成子代的DNA,_____(填"亲代噬菌体"或"大肠杆菌")的_____合成子代的蛋白质。

7. 试分析子代噬菌体不同成分中存在的放射性,并在下面进行连线。

子代噬菌体的成分　　　　含有的元素

^{32}S

DNA　　　　　　　　　　　^{35}S

蛋白质　　　　　　　　　　^{32}P

^{31}P

8. 某研究小组用放射性同位素^{32}P、^{35}S分别标记T2噬菌体,然后将大肠杆菌和被标记的噬菌体置于培养液中培养,如图1－1－10所示。一段时间后,分别进行搅拌、离心,并检测沉淀物和悬浮液中的放射性。请判断下列说法的对错:

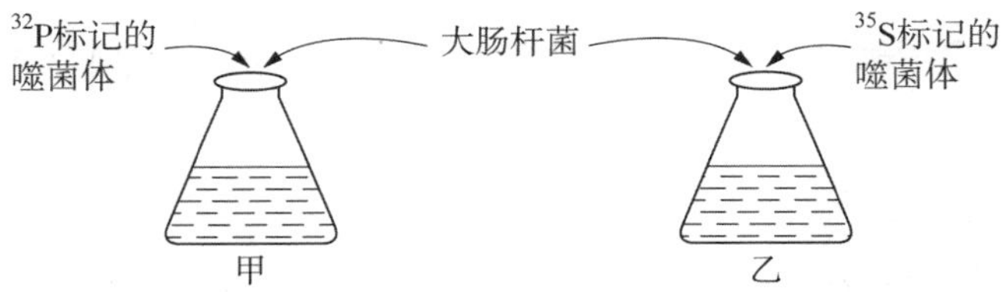

图1－1－10

(1) 搅拌是为了使大肠杆菌内的噬菌体释放出来。　　　　　　　　　　　(　　)

(2) 噬菌体与细菌混合培养的时间越长,实验效果越好。　　　　　　　　(　　)

(3) 噬菌体侵染细菌后,产生许多遗传信息相同的子代噬菌体。　　　　　(　　)

(4) 噬菌体侵染细菌实验中,用^{32}P标记的噬菌体侵染细菌后的子代噬菌体多数具有放射性。　　　　　　　　　　　　　　　　　　　　　　　　　　　　　　(　　)

(5) 乙组的悬浮液含极少量^{35}S标记的噬菌体蛋白质,也可产生含^{35}S的子代噬菌体。
　　　　　　　　　　　　　　　　　　　　　　　　　　　　　　　　　(　　)

(6) T2噬菌体侵染大肠杆菌实验证明了DNA是大肠杆菌的遗传物质。　　(　　)

(7) 需用同时含有^{32}P和^{35}S的噬菌体侵染大肠杆菌。　　　　　　　　(　　)

9. 若用^{15}N标记噬菌体并使其侵染没有标记的细菌,则下列关于子代噬菌体的叙述正确的是　　　　　　　　　　　　　　　　　　　　　　　　　　　　　　　　(　　)

A. 在蛋白质外壳中有^{15}N,在 DNA 中无^{15}N

B. 在蛋白质外壳中无^{15}N,在 DNA 中有^{15}N

C. 在蛋白质外壳和 DNA 中均有^{15}N

D. 在蛋白质外壳和 DNA 中均无^{15}N

二、探究猪流感病毒的遗传物质

近几年,猪流感在全球范围内扩散,严重威胁着养殖业和人类的健康。生物兴趣小组的小嘉同学通过查阅资料发现,常见的流感病毒都是 RNA 病毒,同时提出疑问:猪流感病毒的遗传物质是 DNA 还是 RNA?

下面是该兴趣小组探究猪流感病毒的遗传物质的实验设计,请将其补充完整。

实验目的:探究猪流感病毒的遗传物质是 DNA 还是 RNA

材料用具:显微注射器、猪流感病毒的核酸提取液、猪胚胎干细胞、DNA 酶、RNA 酶、生理盐水、试管若干等。

实验步骤:

1. 把猪流感病毒核酸提取液分成相同的 A、B、C 三组,分别用等量的相同浓度的_____依次处理 A 和 B 两组核酸提取液,C 组用_____处理作为对照。

2. 取猪胚胎干细胞均分成三组,用显微注射技术分别把 A、B、C 三组处理过的核酸提取液注射到三组猪胚胎干细胞中,将注射后的三组猪胚胎干细胞放在_____的环境中培养一段时间,然后从培养好的猪胚胎干细胞中抽取出样品,检测是否有猪流感病毒产生。

预测结果及结论:

3. 填组别的相应字母。

(1) 若_____组出现猪流感病毒,_____组不出现,则猪流感病毒的遗传物质是 RNA。

(2) 若_____组出现猪流感病毒,_____组不出现,则猪流感病毒的遗传物质是 DNA。

(3) 若三组都出现猪流感病毒,则猪流感病毒的遗传物质既不是 DNA 也不是 RNA。

— 课后反思 —

1. 请用思维导图来归纳本节课的经典实验的方法和结论。

2. 学习了科学家们探究遗传物质本质的实验,你受到了哪些启发?

第2课　DNA是主要的遗传物质（下）

内容出处

普通高中教科书必修2第1章第1节。

课标要求

1. 内容要求：概述DNA分子是由四种脱氧核苷酸构成的长链，一般由两条反向平行的长链上的碱基互补配对形成双螺旋结构，碱基的排列顺序编码了遗传信息。

2. 学业要求：从结构与功能角度，认识DNA的结构特点与功能之间的关系。

学习目标

1. 搜集DNA分子结构模型建立过程的资料，了解科学思维、科学技术与方法、多学科交流与合作在科学探究中的重要性。

2. 制作DNA分子模型，直观地了解DNA分子结构。

3. 阐明DNA的结构特点与其功能之间的关系。

评价任务

表1－2－1

评 价 内 容	等第（在对应的等第内打√）			
	优秀	良好	合格	不合格
1. 初步探讨DNA分子双螺旋结构的发现过程				
2. 参与DNA分子结构模型搭建活动，比较各组DNA的不同，总结DNA多样性的原因				
3. 完成DNA分子特性表述，概述海量的遗传信息储存在四种碱基的排列顺序中，形成结构与功能相适应的观点				
4. 课后检测、课后反思的完成情况				

学习过程

—— 学习建议 ——

1. 本学习内容的地位和作用

本节课内容包括实验研究发现遗传物质是DNA或RNA，绝大多数生物的遗传信息蕴含在 DNA 结构中。通过本节课的学习,不仅可以解释 DNA 为何是遗传物质,而且为后面遗传信息的传递,即 DNA 复制和基因指导蛋白质的合成进行了必要的知识铺垫。

2. 学习路径

如图 1-2-1。

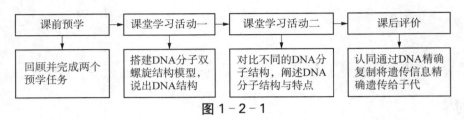

图 1-2-1

3. 学习重点和难点

本节课的重难点是 DNA 分子结构和功能之间的关系。为突破这一重难点,学生可通过科学史分析和模型搭建,逐步认识 DNA 由脱氧核苷酸—多核苷酸链—双螺旋结构的构建过程,并通过小组对比讨论,总结 DNA 分子结构和功能之间的关系。

4. 评价标准

完成课前预学,能说出核苷酸的结构及核苷酸是核酸的基本单位,初步了解核苷酸分子中嘌呤和嘧啶的碱基互补配对原则。

完成课堂学习活动一,能完成 DNA 双螺旋结构模型的建模,并且阐明 DNA 是由脱氧核苷酸通过化学键连接形成双螺旋结构。

完成课堂学习活动二,能对比不同 DNA 的碱基序列的差异,认识 DNA 的结构特点与其功能之间的关系。

(时间:10 min)

任务一:根据以下线索,搜集 DNA 分子结构模型建立过程的资料,并进行筛选、分析。

1. 20 世纪初,德国科学家科赛尔等测定了核酸的化学组成及碱基种类。他们将与核酸结合的蛋白去除以获得高纯度的核酸,再将其水解得到一些含氮的小分子化合物,经过检测发现这些化合物是两种类型的含氮碱基,将它们分别称为嘌呤和嘧啶。

2. 1950 年,美国科学家夏格夫发现 DNA 中碱基组成的规律,并应用纸层析及紫外分光光度计对不同生物 DNA 的碱基摩尔含量做了测定,得到如表 1-2-2 所示的数据:

表 1-2-2　不同生物 DNA 的碱基摩尔含量

DNA 来源	A	T	G	C
大肠杆菌	24.2	24.2	25.3	25.3
老鼠	25.1	25.1	21.9	21.9
猪	29.2	29.2	20.8	20.8

3. 1952 年,英国科学家富兰克林清晰地拍摄到 DNA 的 X 射线衍射照片,运用晶体学和数学精确地计算出 DNA 分子内部结构的轴向与距离,并且在一份报告中指出 DNA 的结构即使翻转 180°之后看起来还是一样。

任务二:回顾课本必修 1 中有关核酸的分子组成,总结核酸与核苷酸的关系。

DNA 的 X 射线衍射照片

图 1-2-2

课堂学习

活动一:搭建 DNA 分子双螺旋结构模型(达成学习目标 2,对应评价任务 2)

(一)资料和图片分析,完成脱氧核苷酸模型构建

结合课前预学中科赛尔的研究成果和以前所学知识思考并回答,DNA 和蛋白质一样都是大分子物质,蛋白质的基本单位是氨基酸,那么 DNA 的基本单位是什么? 回顾脱氧核苷酸的结构示意图(图 1-2-3),寻找脱氧核糖中的 5 个碳,并 4 个同学为一个小组,每组制作出 20 个脱氧核苷酸模型。

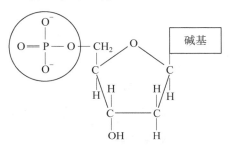

脱氧核苷酸的示意图

图 1-2-3

(二)讨论并完成 1 条多核苷酸链模型构建

氨基酸是通过形成肽键进而连接形成多肽链的,通过数据得知,脱氧核苷酸之间依靠脱氧核糖和磷酸连接。讨论脱氧核糖和磷酸之间连接有哪些可能性,4 个同学为一个小组,根据推测尝试连接两个竖直的脱氧核苷酸,最后将 10 个脱氧核苷酸连成 1 条多核苷酸链。

(三)资料分析并完成 DNA 分子双螺旋结构模型的构建

资料 1:威尔金斯研究发现 DNA 分子的直径比一条脱氧核苷酸链的直径要大。

资料 2:科学家用显微镜测定 DNA 直径,发现其和 2 条链、3 条链的脱氧核苷酸链的直径都为 2 nm,都与实际测定 DNA 直径相符。

资料 3:美国化学家鲍林发表关于 DNA 三链模型的研究报告,科学家将其与富兰克林所做的 DNA 的 X 射线衍射照片对比后发现不符。

资料 4:在 DNA 分子中,碱基具有疏水性,脱氧核糖和磷酸具有亲水性,而 DNA 在细胞内始终处于一个水环境中。

资料 5:阅读课前预学美国科学家夏格夫发现 DNA 中碱基组成规律。同时,数学家格里菲斯计算出 DNA 分子中,A 吸引 T,G 吸引 C。

资料 6:富兰克林在一份报告中说明 DNA 的结构即使翻转 180°之后看起来还是一样。克里克等科学家发现,只有两条链的走向相反时制作出的 DNA 模型才与 DNA 的 X 射线衍射照片相符。

结合上述资料完成以下任务：

1. 请推测 DNA 是由几条脱氧核苷酸链构成的？你认为 DNA 的两条链如何连接？

2. 你认为碱基之间正确的配对方式是什么？DNA 的两条链是正向还是反向相连？

3. 建模：4 个同学为一个小组，根据推测尝试将 20 个脱氧核苷酸连接成两条多核苷酸链，最后将模型经过盘绕、折叠后完成 DNA 分子双螺旋结构模型的构建。

课堂检测

1. 在"DNA 分子模型的搭建"实验中，我们发现搭建好的 DNA 分子双螺旋粗细均匀，下列对此合理的解释是 （　　）

A. 嘌呤与嘌呤配对　　　　　　　　B. 嘌呤与嘧啶随机配对

C. 嘧啶与嘧啶配对　　　　　　　　D. 嘌呤与嘧啶特异性配对

2. 图 1-2-4 是 4 位同学制作的 DNA 分子部分平面结构模型，正确的是 （　　）

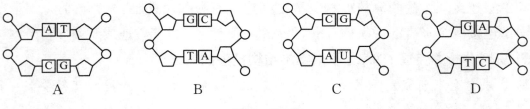

图 1-2-4

3. 图 1-2-5 是 DNA 分子结构模式图，用文字填出①～⑤的名称。

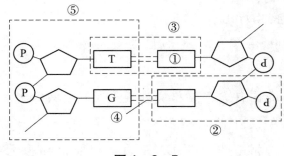

图 1-2-5

①_____,②_____,③_____,④_____,⑤_____。

活动二：体验海量的遗传信息储存在碱基的排列顺序中（达成学习目标2,对应评价任务2）

1. 把本组制作的DNA模型中的碱基序列写下来,比较各小组的碱基序列是否一样。

2. 概述什么是遗传信息？

3. 结合模型和图1-2-6,阐述DNA分子的结构特点。

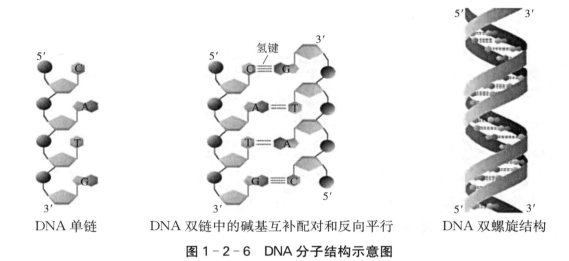

| DNA单链 | DNA双链中的碱基互补配对和反向平行 | DNA双螺旋结构 |

图1-2-6　DNA分子结构示意图

课堂检测

1953年,沃森和克里克建立了DNA分子的结构模型,两位科学家于1962年获得诺贝尔生理学或医学奖。在制作DNA双螺旋结构模型时,某小组选取材料的种类和数量如表1-2-3所示。

表1-2-3

材料种类	脱氧核糖	磷酸	代表化学键的小棒	碱基			
				A	T	C	G
数量/个	60	30	足量	15	10	5	15

1. 下列关于该小组搭建的DNA模型说法正确的是　　　　　　　　　　　　（　　）

A. 制作出的 DNA 双链模型最多能含有 45 个脱氧核苷酸

B. 制作出的 DNA 双链模型最多能含有 10 个氢键

C. 制作出的 DNA 双链模型最多能含有 15 个碱基对

D. 制作出的 DNA 双链模型最多能有 445 种碱基排列方式

2. 图 1-2-7 为 DNA 分子的结构示意图,其中决定 DNA 分子多样性的结构是（　　　）

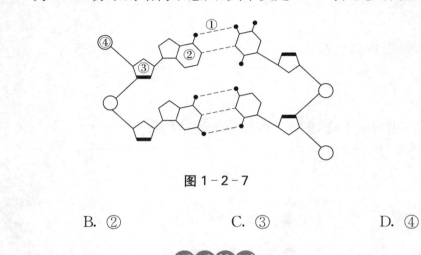

图 1-2-7

A. ①　　　　　　　B. ②　　　　　　　C. ③　　　　　　　D. ④

— 课后检测 —

一、DNA 指纹

DNA 指纹法在案件侦破工作中有着重要的用途。刑侦人员将从案发现场得到的血液、头发等样品中提取的 DNA 与犯罪嫌疑人的 DNA 进行比对,就可为案件的侦破提供证据。图 1-2-8 为受害者和怀疑对象的 DNA 指纹图。

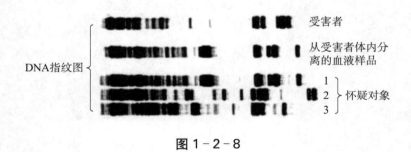

图 1-2-8

1. 能为案件的侦破提供证据的 DNA 的中文名称是_____,是由 4 种_____组成。

2. 下列关于 DNA 分子双螺旋结构的特点,叙述错误的是　　　　　　　　（　　　）

A. DNA 分子由两条反向平行的链组成

B. 脱氧核糖和磷酸交替连接,排列在外侧

C. 两条链上的碱基通过氢键连接成碱基对

D. DNA 分子中 A＋T 的数量一定等于 G＋C 的数量

3. DNA 指纹法在案件侦破工作中有着重要的用途,因为 DNA 分子结构具有多样性,而

DNA 多样性的原因是　　　　　　　　　　　　　　　　　　　　　　　（　　）

　　A. 碱基和脱氧核糖排列顺序千变万化　　B. 碱基配对方式千变万化

　　C. 2 条长链的空间结构千变万化　　　　D. 碱基对的排列顺序千变万化

　　4. DNA 分子中携带海量的遗传信息,而遗传信息指的是＿＿＿＿＿＿＿＿＿＿＿＿

＿＿。

　　5. 你能从 DNA 指纹图中判断出怀疑对象中谁是罪犯?说出你的判断依据。

二、早餐与健康

　　早餐是一日三餐中最重要的一餐,直接影响着全天的精神状态。健康合理的早餐搭配有利于保持身体机能的健康,让人精力充沛。而不同食物的营养、口味不同,根本原因是细胞中的遗传物质不同。研究人员对 4 种生物细胞中一类核酸分子的碱基组成进行化学分析,结果如表 1-2-4。

表 1-2-4

生物种类	碱基分子数的百分比			
	A	T	G	C
鲫鱼	27.8	27.5	22.2	22.6
酵母	31.3	32.9	18.7	17.1
玉米	28.6	28.4	21.4	21.6
明虾	30.9	29.6	19.7	19.8

　　1. 被检测的这类核酸是＿＿＿＿＿＿,判断依据是＿＿＿＿＿＿＿＿＿＿＿＿＿＿＿＿＿＿＿＿。

　　2. (多选)从核苷酸的组成考虑,不同核苷酸的区别表现在　　　　　　　　　（　　）

　　A. 磷酸基团不同　　B. 五碳糖不同　　　C. 碱基不同　　　　D. 含有的元素不同

　　3. 表中 4 种生物细胞的碱基分子之间依靠＿＿＿＿＿＿键相连,且遵循＿＿＿＿＿＿＿原则。

　　4. 由表格中的数据可知,碱基 A 与碱基＿＿＿＿＿＿配对,理由是＿＿＿＿＿＿＿＿＿＿＿＿。

　　5. 不同生物 4 种碱基组成百分比有显著差异,这是由于核酸具有＿＿＿＿＿＿性。

　　6. 鲫鱼与明虾的形态结构不同的根本原因是＿＿＿＿＿＿＿＿＿＿不同,而这种不同又是由于核酸中碱基的＿＿＿＿＿＿＿＿＿不同导致的。

　　7. 已知鲫鱼 DNA 分子的一条链中,碱基 A 有 4 000 个,碱基 C 有 5 000 个,则在其互补链中碱基 G 和碱基 T 的个数分别是　　　　　　　　　　　　　　　　　　　（　　）

　　A. 4 000、4 000　　　B. 5 000、5 000　　　C. 4 000、5 000　　　D. 5 000、4 000

三、DNA 结构的研究

　　瑞典生物学家、进化遗传学家斯万特·帕博于 2022 年获诺贝尔生理学或医学奖。帕博最为杰出的工作就是发现距今 4.5 万年历史的尼安德特人的 DNA 序列和现代人类的 DNA

序列具有相似之处。高一学生小桐想做一些关于尼安德特人方面的课题研究,他首先对 DNA 的结构进行了研究,如图 1-2-9 所示。

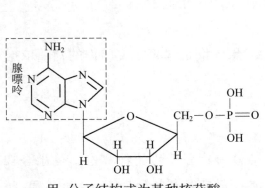

甲:分子结构式为某种核苷酸

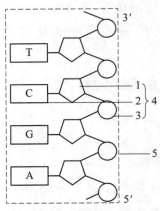

乙:某核苷酸链示意图

图 1-2-9

1. 图甲中核苷酸的名称是_____。

2. 图甲中核苷酸是构成_____的原料,该核酸主要分布在_____中。

3. 图乙中 2 和 4 的名称分别是_____、_____。

4. 通常由_____条图乙所示的核苷酸链构成一个 DNA 分子。

5. (多选)你和你的同桌长相不同,和你的父母也有一定差异,那是因为 DNA 决定生物的性状,DNA 分子具有多样性,其原因是 (   )

A. 脱氧核苷酸种类具有多样性 B. 脱氧核苷酸数量具有多样性

C. 脱氧核苷酸排列顺序具有多样性 D. DNA 分子空间结构具有多样性

6. DNA 分子中碱基互补配对的原则是_____,位于一条 DNA 分子上的长度为 5 个碱基对的 DNA 片段有_____种类型。

---- 课后反思 ----

1. 请自主梳理本节课的知识结构。(如用思维导图或概念图的方式)

2. 还存在哪些知识疑惑或还需要解决的问题有哪些?(结合重难点和易错点)

第3课　遗传信息通过复制和表达进行传递(上)

内容出处

普通高中教科书必修2第1章第2节。

课标要求

1. 内容要求:概述DNA分子通过半保留方式进行复制。

2. 学业要求:结合DNA双螺旋结构模型,阐明DNA分子作为遗传物质所具有的特征,以及通过复制等过程传递遗传信息。

学习目标

1. 分析有关遗传信息传递的实验,掌握科学探究的基本思路和主要方法,培养严谨求实的科学精神。

2. 概述复制的基本过程,以及碱基序列中的遗传信息如何通过DNA复制完整地传递给子细胞。

评价任务

表1-3-1

评 价 内 容	等第(在对应的等第内打√)			
	优秀	良好	合格	不合格
1. 能大胆推测DNA复制的方式				
2. 会阐述DNA半保留复制的实验思路和方法				
3. 阐明DNA复制的过程、特点,明确复制的原因和意义				
4. 课后检测、课后反思的完成情况				

学习过程

— 学习建议 —

1. 本学习内容的地位和作用

本节课内容是在回顾DNA结构的基础上进一步探究DNA的复制功能,从而了解DNA分子中遗传信息的传递特点。学生可以大胆猜测DNA怎样将遗传信息完整地传递给子细胞,再结合科学家的实验历程,了解探究的思路和方法,理解 DNA 半保留复制的方式,感悟 DNA 复制的意义,为后面学习 DNA 分子中基因的表达等内容奠定基础。

2. 学习路径

如图 1-3-1。

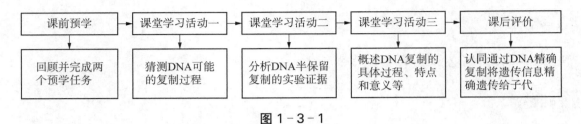

图 1-3-1

3. 学习重点和难点

本节课的重点内容是 DNA 半保留复制过程、特点、方式和意义等,难点是大胆推测和分析科学家实验过程,从而理解遗传信息是怎样通过精确复制遗传给子代。

4. 评价标准

结合课堂学习活动一,大胆提出自己的想法。

完成课堂学习活动二,能阐述 DNA 半保留复制的实验思路和方法,得出不同的复制方式的结果。

完成课堂学习活动三,能自主梳理并阐述 DNA 复制的过程、条件、方式、精确复制的原因和意义。

（时间:5 min）

任务一:回顾 T2 噬菌体侵染细菌过程。

任务二:回顾 DNA 分子结构。

活动一:猜测 DNA 复制的方式(达成学习目标 1,对应评价任务 1)

请用红色线条代表母链,用蓝色线条模拟新合成子链,在下面方框内画出 DNA 复制一次的模式图。

活动二:阅读并分析DNA半保留复制的实验证据(验证猜测)(达成学习目标1,对应评价任务1)

1958年,美国科学家梅塞尔森和斯塔尔利用稳定同位素^{15}N标记的方法首次证明了DNA的半保留复制方式。

DNA半保留复制的实验证明

1958年,美国科学家梅塞尔森和斯塔尔利用稳定同位素^{15}N标记的方法首次证明了DNA的半保留复制方式(图1-3-2)。

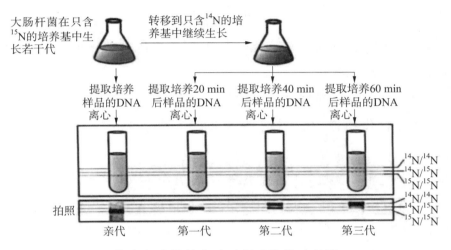

梅塞尔森等的实验过程及结果示意图

图1-3-2

第一步,将大肠杆菌置于以^{15}NH$_4$Cl为唯一氮源的培养基中培养多代,取部分大肠杆菌提取其DNA,作为亲代。

第二步,将剩余的大肠杆菌转移到以^{14}NH$_4$Cl为唯一氮源的培养基中进行培养,待其分裂一次(约20 min)、两次(约40 min)、三次(约60 min)时,分别提取其DNA。

第三步,以亲代DNA为对照,对第一代、第二代、第三代大肠杆菌的DNA进行密度梯度离心,使DNA聚集成条带,条带位置与DNA中所含^{15}N或^{14}N的量有关。

第四步,观察并照相记录DNA条带的位置。

1. 第一步为什么要将大肠杆菌置于以^{15}NH$_4$Cl为唯一氮源的培养基中培养多代?

2. 第二步如果不严格控制培养时间,会对实验结果造成什么影响?

3. 结合图示实验结果,分析为什么本实验能证明DNA的复制方式是半保留复制。

课堂检测

某亲本DNA分子双链均以白色表示,以灰色表示第一次复制出的DNA子链,以黑色表示第二次复制出的DNA子链,该亲本双链DNA分子连续复制两次后的产物是图1-3-3中的   (   )

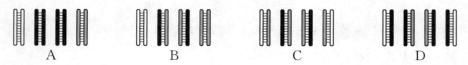

A   B   C   D

图1-3-3

活动三:观看DNA的复制视频并结合课本P11 DNA复制过程示意图,阐述DNA复制过程(达成学习目标2,对应评价任务2)

1. 将下列关于DNA复制的顺序排序为_____。

① 单链DNA结合蛋白像"楔子"一样结合在这两条单链上,防止单链再次结合成为双链。

② 随着DNA双链不断解旋,新生链不断延长,直至DNA复制全部完成。

③ DNA聚合酶和其他一些特定蛋白质被招募到DNA上,以打开的母链为模板,以4种脱氧核苷三磷酸(dATP、dTTP、dGTP、dCTP)为原料,遵循碱基配对的原则,从5′到3′方向合成新生链。

④ DNA解旋酶从复制起点处打开DNA双链之间的氢键,使部分双链解开,形成两条单链,作为复制的母链。

2. 下列有关DNA复制过程的叙述中,正确的顺序是   (   )

① 互补碱基对之间氢键断裂;

② 互补碱基对之间氢键合成;

③ DNA分子在解旋酶的作用下解旋;

④ 以两条母链为模板,游离的脱氧核苷酸为原料,进行碱基互补配对;

⑤ 子链与母链盘旋成双螺旋结构。

A. ①③④②⑤   B. ③①⑤④②   C. ①④②⑤③   D. ③①④②⑤

小结 1. DNA复制以_____方式进行。

2. DNA复制遵循_____、_____的原则。

3. DNA复制需要多种蛋白质参与,并以_____为原料合成子链。

拓展思考 DNA复制真的"万无一失"吗?如果发生错误会有什么影响呢?

———— **课后检测** ————

一、DNA复制

1. 图1-3-4表示某生物细胞内的DNA复制过程,其中表示子链的是   (   )

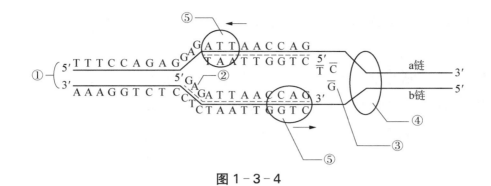

图 1-3-4

A. ①   B. ②   C. a 链   D. b 链

2. 图中③表示（ ）

A. 鸟嘌呤   B. 胞嘧啶

C. 鸟嘌呤脱氧核苷三磷酸   D. 胞嘧啶脱氧核苷三磷酸

3. 图中④⑤所示的酶是（ ）

A. DNA 解旋酶和 DNA 聚合酶 B. DNA 聚合酶和 DNA 解旋酶

C. 都是 DNA 解旋酶   D. 都是 DNA 聚合酶

4. DNA 双链在酶的作用下，连接 a、b 两条单链的碱基之间的氢键断开，此过程称为

（ ）

A. 复制   B. 解旋   C. 转录   D. 翻译

5. 上述 DNA 复制过程需要的物质是（ ）

①酶；②氨基酸；③脱氧核糖核苷三磷酸；④基因；⑤ATP；⑥母链。

A. ①③⑤⑥ B. ②④⑤⑥ C. ②③④⑤ D. ①②③⑤

6. DNA 复制发生在细胞分裂的（ ）

A. 间期   B. 前期   C. 中期   D. 后期

7. 据图可知，新 DNA 分子中保留有一条原来分子的母链，所以这种复制过程称为（ ）

A. 全保留复制 B. 半保留复制 C. 边解旋半复制 D. 自我复制

二、体外 DNA 模拟复制实验

体外 DNA 模拟复制实验结果如表 1-3-2 所示：

表 1-3-2

组别	4 种脱氧核苷三磷酸（放射性同位素标记）	大肠杆菌提取液（含有 DNA 复制所需酶）	ATP	少量 DNA	DNA 分子是否增加
1	√	×	√	√	否
2	√	√	×	√	否
3	√	√	√	×	否
4	√	√	√	√	是（产物 DNA 具有放射性，碱基序列与加入的少量 DNA 相同）

1. 请据表分析DNA复制的条件有哪些? _____
____。

2. 虽然DNA复制通过碱基互补配对在很大程度上保证了复制的准确性,但是DNA复制仍有约10^9个碱基对就会产生1个错误。请根据这一数据计算,约为31.6亿个碱基对的人类基因组复制时可能产生多少个错误,这些错误可能产生什么影响?

3. 美国科学家在A/T、C/G 2对碱基的基础上创造了S/B和P/Z 2对新碱基。经证实,这8种碱基合成的DNA分子与天然DNA的特性相同。则可以与序列为ACGBBP的核苷酸链构成双螺旋结构的核苷酸序列是 ( )

A. ACGBBP 　　　　B. TGCBBP 　　　　C. TGCSSZ 　　　　D. TGCACG

—— 课后反思 ——

1. 请自主梳理本节课的知识结构。(如用思维导图或概念图的方式)

2. 你还存在哪些知识疑惑需要老师提供何种帮助? 你还有哪些相关内容可以和大家分享,把它写下来。

第4课　遗传信息通过复制和表达进行传递(中)

内容出处

普通高中教科书必修2第1章第2节。

课标要求

1. 内容要求:概述DNA分子上的遗传信息通过RNA指导蛋白质的合成。

2. 学业要求:结合DNA双螺旋结构模型,阐明DNA分子作为遗传物质所具有的特征,以及通过转录、翻译等过程表达遗传信息。

学习目标

1. 阅读相关资料,推理出 RNA 是信使物质,养成科学思维习惯。
2. 观看模拟动画,分析教材图文资料,构建转录过程的模型,概述转录的过程。
3. 根据 RNA 中的碱基种类和氨基酸种类,推测 mRNA 上的碱基与氨基酸之间的对应关系。
4. 比较、归纳 DNA 复制与转录过程。

评价任务

表 1－4－1

评 价 内 容	等第(在对应的等第内打√)			
	优秀	良好	合格	不合格
1. 会推测核基因携带的遗传信息需要信使物质传递到细胞质				
2. 对科学家实验的分析后,能得出 RNA 是信使物质				
3. 概述转录的基本过程、特点及意义				
4. 归纳比较 DNA 复制与转录的异同点				
5. 课后检测、课后反思的完成情况				

学习过程

—— 学 习 建 议 ——

1. 本学习内容的地位和作用

通过前面的学习我们知道了遗传信息蕴含在 DNA 分子结构中,DNA 通过复制将碱基序列中的遗传信息传递给子代,那么遗传信息是如何决定蛋白质的种类、数量和活性,从而使得生物体表现出特定的性状。本节课我们仍然从分子水平探究 DNA 的这一表达功能,并从结构与功能角度认识 DNA 的结构特点与其功能之间的关系,为后续的学习打好基础。

2. 学习路径

如图 1－4－1。

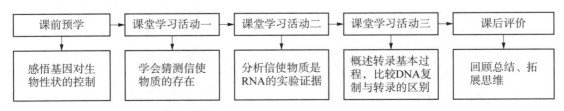

图 1－4－1

3. 学习重点和难点

学习重点是结合科学实验推测遗传信息的传递，能概述从DNA到RNA的转录过程，并学会比较和归纳，提高科学思维能力；难点是构建转录过程的模型，分析转录的场所、原料、模板及特点。在学习过程中，学生可以通过认真参与课堂活动，循序渐进地建立本节课的知识结构。

4. 评价标准

学生可以通过评价以下活动的完成情况以及课后检测来判断自己对学习目标的达成情况。

完成课堂学习活动一，通过回顾细胞核、细胞器等相关知识，推测核基因携带的遗传信息需要信使物质传递到细胞质。

完成课堂学习活动二，通过对科学家实验的分析，得出RNA是信使物质的结论，理解"RNA在DNA和蛋白质合成中起到媒介作用"的论证过程。

完成课堂学习活动三，观看视频，阅读教材相关正文及插图，自主建构转录的知识体系，概述转录的基本过程、特点及意义，归纳比较DNA复制与转录的异同点。

———— 课 前 预 学 ————

（时间：8 min）

任务：阅读以下关于转基因抗虫棉培育的资料，思考并尝试回答相应问题。

20世纪90年代，我国内地主产棉区棉铃虫连年大暴发，造成重大经济损失，棉农"谈虫色变"。1996年，美国、澳大利亚等3个国家率先商业化种植转基因抗虫棉花。之后我国科学家郭三堆等经过不懈努力，通过转基因技术获得了国产抗虫棉，一举打破了由美国抗虫棉垄断我国95%市场份额的局面。

转基因抗虫作物之所以抗虫，是因为Bt杀虫蛋白在起作用。Bt蛋白原本来自一种土壤中的微生物苏云金芽孢杆菌。科学家将Bt基因转入棉花细胞使其自身产生Bt蛋白（培育过程见图1-4-2），这样培育获得的抗虫棉（抗虫棉与普通棉花见图1-4-3）不仅能起到抗虫的效果，还能够减少农药的使用。

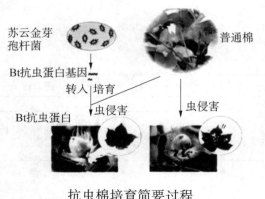

抗虫棉培育简要过程

图1-4-2

普通棉　　　抗虫棉

图1-4-3

1. 科学家向棉花细胞中转入 Bt 抗虫蛋白基因,最终观察到了什么现象?

2. 推测有什么物质产生导致棉花具有抗虫性状?

—— 课堂学习 ——

通过课前预学我们了解到基因(DNA)能够指导蛋白质的合成,那么基因通过什么信使物质指导蛋白质合成的呢?

活动一:猜测信使物质的存在(达成学习目标1,对应评价任务1)

根据已有知识及图 1-4-4,回答下列问题:

1. 基因主要存在于细胞的哪个结构中?

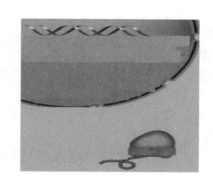

2. 蛋白质在细胞的什么结构中合成?

图 1-4-4

3. 从生命的物质性角度推测,可能有一种信使物质起到传递遗传信息的功能,请推测该信使物质应该具有什么特点。

活动二:分析信使物质是 RNA 的实验证据(达成学习目标1,对应评价任务2)

20 世纪五六十年代,许多科学家为了找到这种信使物质,也曾提出了不同的假设,进行了多个实验。

实验1:1955 年,布拉奇特用洋葱根尖和变形虫进行了实验,发现若加入 RNA 酶降解细胞中的 RNA,则蛋白质合成就停止;若再加入从酵母中提取的 RNA,则又可以重新合成一些蛋白质。

实验2:1961 年,南非科学家们经过实验发现,用噬菌体侵染细菌,在培养基中添加含^{14}C标记的尿嘧啶,培养一段时间后,把细菌裂解离心,分离出 RNA 与核糖体。分离出来的

RNA 有 ^{14}C 标记,将分离得到的 RNA 分别与细菌的 DNA 和噬菌体的 DNA 杂交,发现 RNA 只能与噬菌体 DNA 形成双链杂交分子。

1. 根据实验 1 你能得出什么结论?

2. 实验 2 为什么选择含 ^{14}C 的尿嘧啶作为标记物?

3. 细菌中新合成的含 ^{14}C 标记的 RNA,能与噬菌体的 DNA 分子杂交,不能与细菌的 DNA 结合,这一结果说明什么问题?

活动三:概述以 DNA 为模板转录 RNA 的过程(达成学习目标 2,对应评价任务 3)

阅读教材第 13 页内容,观看转录视频并结合课本图 1-12,学习以 DNA 为模板转录 RNA 的过程。

1. 概述转录的基本过程。

(1) 起始:催化转录过程的酶是_____,转录的起始位点是_____。

(2) 延伸:转录的模板是_____,RNA 聚合酶沿模板链移动的方向是_____,转录的原料是_____,遵循的碱基配对原则是_____。

(3) 终止:转录的终止位点是_____,转录的产物是_____。

2. 转录过程中如何保证信息从 DNA 到 RNA 的准确传递?

3. 图 1-4-5 是某种 Bt 蛋白基因部分碱基序列,请写出转录产生的 mRNA 的碱基序列。

DNA　编码链 5′ GCCGATGTTGGCATAGAAA 3′
　　　模板链 3′ CGGCTACAACCGTATCTTT 5′

图 1-4-5

4. 请回忆并归纳 DNA 复制与转录过程,完成表 1-4-2。

表 1 - 4 - 2

项目	DNA 复制	转录
产物		
场所		
模板		
原料		
能量		
酶		
碱基配对方式		
信息传递		

根据本节课所学内容,我们已经知道转录使特定遗传信息从 DNA 传递到 RNA,那么,遗传信息又如何从 RNA 传递到蛋白质呢? 请课后预习教材第 14～16 页内容并记录下你的疑问。

———— 课 后 检 测 ————

一、生物遗传信息指导和控制生物体的形态、生理和行为等多种性状

图 1 - 4 - 6 表示遗传信息在细胞中的传递过程,①②③④为分子。据图回答:

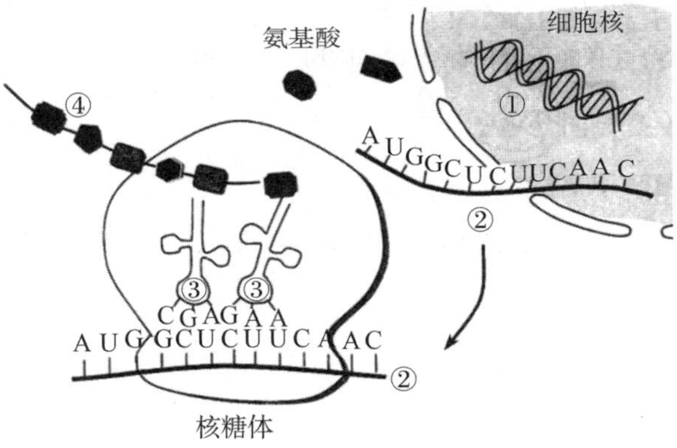

1. 图中①表示_____分子,分子②的名称是_____。

2. 以①的一条链为模板合成②的过程称为_____,其碱基互补配对的方式有_____。需要_____作为原料,催化此过程的酶是_____。

3. 形成②上 - AUGG - 的模板链对应的碱基序列是_____。

图 1 - 4 - 6

4. (多选)真核细胞中,合成信使 RNA 的场所有 　　　　　　　　　　　　　　　　(　)

A. 叶绿体　　　　　　　　　　　B. 线粒体

C. 核糖体　　　　　　　　　　　D. 细胞核

5. 若 DNA 模板链上有一段 5′- GGACTGATT - 3′ 的序列,则这段 DNA 转录出的 mRNA 序列为 　　　　　　　　　　　　　　　　　　　　　　(　)

A. 5′- AAUCAGUCC - 3′　　　　　　B. 5′- CCUGACUAA - 3′

C. 5′- GGACUGAUU 3′　　　　　　D. 5′- UUAGUCAGG - 3′

6. 试一试:分子②上密码子对应的前三个氨基酸分别是_____

_____。（已知有关氨基酸的密码子如下：甲硫氨酸 AUG、精氨酸 CGA、谷氨酸 GAA、丙氨酸 GCU、亮氨酸 CUU）

二、拓展练习

1954 年，美籍理论物理学家伽莫夫对信使 RNA 上碱基序列与氨基酸之间的对应关系进行了多种数学推理。

1. mRNA 分子中碱基有_____种，组成蛋白质的氨基酸常见的有_____种。

2. 根据科学家伽莫夫的数学推理判断：

(1) 如果一个碱基决定一种氨基酸，则 mRNA 可决定_____种氨基酸。

(2) 如果两个碱基决定一种氨基酸，则 mRNA 可决定_____种氨基酸。

(3) 如果三个碱基决定一种氨基酸，则 mRNA 可决定_____种氨基酸。

科学家克里克以 T4 噬菌体为实验材料研究其中某个基因碱基的增加或减少对其所编码的蛋白质的影响实验，在相关碱基序列中增加或删除 1 个或 2 个碱基，无法产生正常功能的蛋白质，但是当增加或删除 3 个碱基时，却合成了正常功能的蛋白质。

3. 结合上述资料，你觉得伽莫夫的(1)、(2)、(3)三个推理中哪一种比较合理？

4. 阅读课本 P14 内容，信使 RNA 上每三个相邻的核苷酸对应于一个氨基酸（或翻译过程的终止信息），这样的三个相邻的核苷酸称为_____。

— 课后反思 —

1. 完成本节课的学习后，你有哪些收获？还有哪些未解决的难题？想要老师提供哪些帮助？

2. 反思自己在本节课的学习过程中使用的思维方法，你有哪些学习策略和大家分享？

第 5 课　遗传信息通过复制和表达进行传递（下）

内容出处

普通高中教科书必修 2 第 1 章第 2 节。

课标要求

1. 内容要求：概述 DNA 分子上的遗传信息通过 RNA 指导蛋白质的合成，生物的性状主要通过蛋白质表现。

2. 学业要求：结合 DNA 双螺旋结构模型，阐明 DNA 分子作为遗传物质所具有的特征，以及通过转录、翻译等过程表达遗传信息。

学习目标

1. 结合资料探究 mRNA 上的碱基与氨基酸之间的对应关系，概述遗传信息的翻译过程。

2. 依据细胞的结构特点，说出真核、原核生物转录、翻译过程的异同点，形成结构与功能观。

3. 基于多数生物遗传信息的传递方向是由 DNA 到 RNA，再到蛋白质的事实，总结出中心法则的主要内容。认同科学是不断发展的，科学概念也是在不断更新或修正的。

4. 比较不同生物的遗传信息传递过程，形成生命是物质、能量和信息的统一体的生命观念。

评价任务

表 1-5-1

评 价 内 容	等第（在对应的等第内打√）			
	优秀	良好	合格	不合格
1. 阅读资料、观看视频，说出 mRNA 上的碱基与氨基酸之间的对应关系				
2. 能阐述遗传信息的翻译过程				
3. 比较真核、原核细胞的转录、翻译过程，说出二者的异同点				
4. 分析噬菌体、RNA 病毒、逆转录病毒等遗传信息的传递过程，体会中心法则内容在不断发展中				
5. 课后检测、课后反思的完成情况				

学习过程

1. 本学习内容的地位和作用

本节课的内容为"遗传信息通过复制和表达进行传递"。通过本节课的学习,学生能阐述遗传信息的翻译过程,会比较真核生物与原核生物转录及翻译过程的异同点,归纳包括病毒在内的各种生物遗传信息的传递方向,总结概括中心法则主要内容,既能巩固对 DNA 的复制、转录和翻译过程等知识的掌握,又为后续基因选择性表达等内容的学习奠定基础。

2. 学习路径

如图 1-5-1。

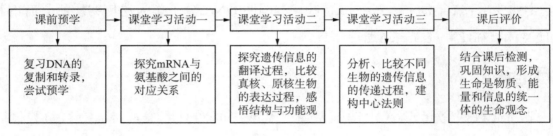

图 1-5-1

3. 学习重点和难点

重难点是掌握真核生物翻译过程、概述中心法则内容中遗传信息的传递方向。学生在学习过程中可采用以下方法突破重难点:通过观看 DNA 转录和翻译的模拟动画,列表比较 DNA 复制、转录和翻译过程的场所、模板、原料、碱基配对原则、产物和酶,对 DNA 复制、转录、翻译的过程有进一步的认识,并认识到多数生物遗传信息的传递方向是由 DNA 到 RNA,再到蛋白质。通过阅读教材中 RNA 病毒和逆转录病毒遗传信息传递过程的图片,认识到在少数 RNA 病毒中遗传信息的传递方向是由 RNA 到 RNA 或由 RNA 到 DNA。

4. 评价标准

能正确完成下面"课堂学习"的各项学习活动。

（时间：5 min）

1. 复习 DNA 复制、转录的相关内容,填写表 1-5-2 的第 2、3 列空白处。

表 1-5-2

比较项目	DNA 复制	转录	翻译
场所			

（续表）

比较项目	DNA 复制	转录	翻译
模板			
原料			
碱基互补配对原则			
酶或工具			
产物			

2. 对于复制和转录的学习还有哪些方面的问题？

3. 预习课本 P14～16 内容，尝试填写表 1－5－2 第 4 列空白处。

课堂学习

活动一：探究 mRNA 上的碱基与氨基酸之间的对应关系（达成学习目标 1，对应评价任务 1）

（一）请阅读课本 P16~P17 的"思维训练"，分析下列问题：

1. 科学家尼伦伯格的实验证实了什么？

2. 按照尼伦伯格类似的思路，科学家破译了所有 64 个密码子，得出了遗传密码表。之后，科学家又发现在线粒体遗传密码中的个别密码子含义有所不同，并对遗传密码表进行了补充。科学家破译遗传密码表所用到的科学思维方法有哪些？（提示：常用的科学思维方法有：归纳与概括、演绎与推理、模型与建模、批判性思维、创造性思维等）

（二）观察课本 P14 的表 1－3 并结合相关内容，思考并回答下列问题：

3. 从表中可以看出，像苯丙氨酸、亮氨酸这样，绝大多数氨基酸都对应几个密码子，这一现象称为密码子的简并性。你认为密码子这一特点对生物体的生存发展有什么意义？

4. 几乎所有的生物体都共用上述密码子,根据这一事实,你能想到什么?

活动二:探究遗传信息的翻译过程(达成学习目标 1、2,对应评价任务 1、2)

1. 观看"翻译"视频,阅读课本 P14～P15 内容并结合图 1-5-2,理解以 mRNA 为模板翻译产生蛋白质的过程,并概述翻译的基本过程:

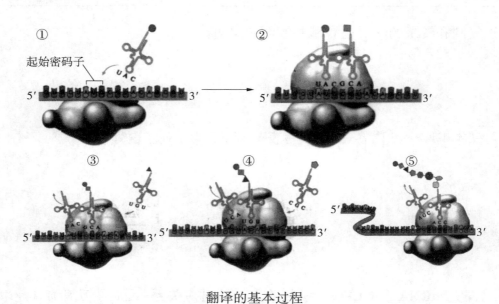

翻译的基本过程

图 1-5-2

(1)_____与 mRNA 结合,并按照_____方向滑动,当滑动到 mRNA 的_____处时,携带第 1 个_____的氨酰_____结合到 mRNA 上。

(2)_____结合上来,形成完整的_____;携带第 2 个氨基酸的_____结合并识别 mRNA 上第 2 个_____。

(3)在_____下,第 1 个 tRNA 携带的氨基酸与第 2 个 tRNA 携带的氨基酸_____(填"水解"或"脱水缩合")形成_____;核糖体继续移动,_____(填"携带氨基酸的"或"空载"的)tRNA 移位并释放出去;携带_____的 tRNA 也随之移位,空出来的位置会有第 3 个氨酰 tRNA 结合上去。

(4)二肽中的第_____个氨基酸与下一个 tRNA 携带的氨基酸之间形成_____(填"氢键"或"肽键");经过多次重复,不断将氨基酸加到肽链中。

(5)当核糖体滑动到 mRNA 上_____密码子时,翻译终止。

翻译的场所是_____,产物是_____,原料是_____;核糖体沿 mRNA 移动的方向是_____;遵循的碱基配对原则是_____。

2. 阅读课本 P16 内容,结合图 1-5-3,比较真核生物和原核生物转录、翻译过程,说出二者的异同点,并说出原核生物的翻译特点有何意义?

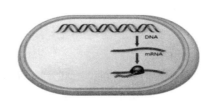

真核生物(左)、原核生物(右)转录及翻译过程

图 1－5－3

课堂检测

1. 如果一个 tRNA 一端的三个碱基是 5′－AGG－3′,则其转运的氨基酸是　　　　　（　　）

A. 脯氨酸(5′－CCU－3′) 　　　　　　　B. 精氨酸(5′－AGG－3′)

C. 丝氨酸(5′－UCC－3′) 　　　　　　　D. 甘氨酸(5′－GGA－3′)

2. 大多数生物遗传信息的传递方向是由 DNA 到 RNA,再到蛋白质。表 1－5－3 表示遗传信息传递过程中 DNA、mRNA、tRNA 和氨基酸的对应关系,请完成表格。(色氨酸密码子仅有 UGG,其他密码子与氨基酸的对应关系:GCA 为丙氨酸,CGU 为精氨酸)

表 1－5－3

DNA 双螺旋中碱基对	C						T	G	G
mRNA 碱基(5′→3′)		C	A			U			
tRNA 反密码子(3′→5′)				G	C	A			
氨基酸			色氨酸						

活动三:分析不同生物的遗传信息的传递过程,建构中心法则(达成学习目标 3、4,对应评价任务 3、4)

1. 图 1－5－4 为噬菌体侵染大肠杆菌时遗传信息的传递过程,写出在"合成"这一步骤中遗传信息的传递过程。

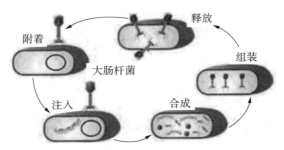

噬菌体侵染过程示意图

图 1－5－4

2. 观察新冠病毒侵染人体细胞过程的示意图(图1-5-5),写出RNA病毒的遗传信息传递过程。

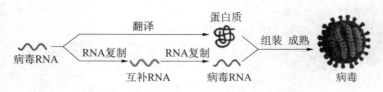

新型冠状病毒等RNA病毒增殖过程

图1-5-5

3. 观察麻疹病毒的增殖过程示意图(图1-5-6),说出麻疹病毒的增殖过程与新冠病毒的增殖过程有何区别?

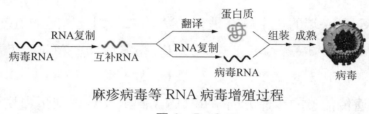

麻疹病毒等RNA病毒增殖过程

图1-5-6

4. 观察逆转录病毒增殖过程示意图(图1-5-7),写出逆转录病毒的遗传信息传递过程。

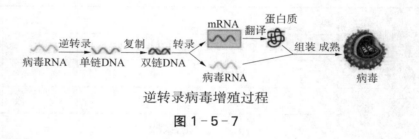

逆转录病毒增殖过程

图1-5-7

5. 请建构完整的中心法则。

拓展阅读

1982年,科学家发现疯牛病是由一种结构异常的蛋白质在脑细胞内大量增殖引起的。这种因错误折叠而形成的结构异常的蛋白质,可能促使与其具有相同氨基酸序列的蛋白质发生同样的折叠错误,从而导致大量结构异常的蛋白质形成。

随着对更多物种和生命现象的深入研究,中心法则还可能会得到进一步的补充和修正。

根据上述资料,你认为生物体内还可能存在哪种遗传信息传递过程?

课堂检测

1. 请填写表1-5-4,进行知识点查漏补缺。

表1-5-4

比较项目	DNA复制	转录	翻译	RNA复制	逆转录
场所					
模板					
原料					
碱基互补配对原则					
酶或工具					
产物					

2. 真核生物、原核生物、DNA病毒及RNA病毒,不同生物其遗传信息传递的过程有哪些异同点? 推测生物体的生长、发育、衰老、死亡等过程与物质、能量、信息有什么关系?

—— 课后检测 ——

一、水母

把水母的绿色荧光蛋白基因转入小鼠体内,在紫外线的照射下,小鼠也像水母一样发光,如图1-5-8。

转基因绿色荧光小鼠及正常小鼠

图1-5-8

1. 根据本节课的学习内容,解释转基因小鼠也能像水母一样发绿色荧光的原因。

2. 请根据本单元所学内容,完善下面基因指导蛋白质合成的内容概念图(如图1-5-9)。

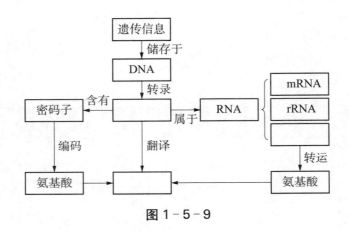

图 1-5-9

3. 来自水母的绿色荧光蛋白基因能够在小鼠细胞中正常表达产生相应蛋白,说明不同生物之间存在什么联系?

4. 要获得转基因小鼠,常需要将目的基因(如荧光蛋白基因)导入小鼠受精卵细胞,而细胞培养过程需要严格无菌环境。已知红霉素、环丙沙星、利福平等抗菌药物能够抑制细菌的生长,它们的抗菌机制如表 1-5-5 所示,请结合所学知识说明红霉素、利福平可用于抗菌的原理。

表 1-5-5

抗菌药物	抗菌机制
红霉素	能与核糖体结合,抑制肽链的延伸
环丙沙星	抑制细菌 DNA 的复制
利福平	抑制细菌 RNA 聚合酶的活性

二、糖尿病

糖尿病是威胁人体健康的常见病,并且近年来呈现发病率逐年升高、发病年轻化等趋势,值得引起人们的广泛关注。糖尿病分为Ⅰ型和Ⅱ型,Ⅰ型糖尿病患者胰岛细胞合成分泌胰岛素(一种蛋白质)量不足。图 1-5-10 表示人体细胞中胰岛素基因指导胰岛素合成的过程,数字代表相关物质或结构。请分析并回答下列问题:

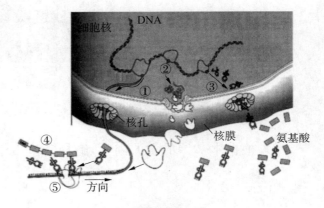

图 1-5-10

1. 从图中可以看出,在细胞核内以 DNA

为模板转录形成三种 RNA,其中①是_____,②是_____。

2. 与 DNA 复制相比,形成①②③的过程特有的碱基互补配对方式是_____。

3. 胰岛素基因转录产生①时,与 DNA 中起点结合的酶是_____;①形成后通过_____进入细胞质中翻译合成胰岛素;翻译过程除了图中所示的物质外,还需要_____(至少写两种)。

4. 翻译时,1 条 mRNA 会与多个核糖体结合,这种结构形成的意义是_____,最后得到的多肽链上氨基酸序列_____(填"相同"或"不相同")。

5. 若图中 DNA 碱基序列为 3′-AATCGTACTTTA-5′,则以该 DNA 链为模板转录出的①碱基序列为_____,以①为模板合成多肽链的氨基酸顺序为_____(密码子:AAU——天冬酰胺、CGU——精氨酸、GCA——丙氨酸、UUA——亮氨酸、UAA,UGA——终止密码子)。

三、新冠病毒

新冠感染是由一种单链 RNA 冠状病毒(COVID19)引起。COVID19 感染宿主细胞并繁殖的原理如图 1-5-11 所示,①~⑦表示相关生理过程。请据图回答下列问题:

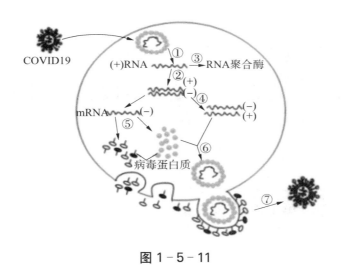

图 1-5-11

1. COVID19 表面的刺突蛋白能识别人体细胞膜上特定受体并与之结合形成稳定的复合物,再通过_____(填"自由扩散"或"胞吞""胞吐")途径进入宿主细胞,该过程_____(填"具有"或"不具有")选择性。

2. 由图可知,COVID19 的遗传物质为_____,其基因可定义为_____(填"具有"或"不具有")遗传效应的_____片段。该病毒遗传物质与人体细胞遗传物质双链 DNA 相比,更_____(填"易"或"不易")发生变异。

3. COVID19 侵染宿主细胞的①~⑦过程中,_____(填图中数字)是 RNA 复制过程,该过程涉及的碱基互补配对原则是_____;_____(填图中数字)是翻译过程,两个翻译过程的模板_____(填"相同"或"不同"),在翻译的过程中,需要的原材料、酶、ATP 由_____提供。

4. 2020 年 2 月初,有媒体报道双黄连对 COVID19 有抑制作用后,引起了市场上对于双黄连制品的抢购热潮。《人民日报》紧急发表文章:抑制不等于预防和治疗,人们要理性看待新闻。据图中信息,你认为理想的抗 COVID19 药物可具有_____(填字母)的作用。

A. 干扰或阻止新冠病毒 RNA 的复制 　　B. 抑制逆转录酶的活性

C. 抑制新冠病毒衣壳蛋白的水解作用

— 课后反思 —

1. 请自主梳理本节课的知识结构。(如用思维导图或概念图的方式)

2. 还存在哪些知识疑惑或还需要解决的问题有哪些?(结合重难点和易错点)

第 6 课　　基因选择性表达导致细胞的差异化(上)

内容出处

普通高中教科书必修 2 第 1 章第 3 节。

课标要求

1. 内容要求:概述细胞分化的本质是基因选择性表达的结果,生物的性状主要通过蛋白质表现。

2. 学业要求:阐明 DNA 分子作为遗传物质能传递和表达遗传信息。

学习目标

1. 能列举并分析相关实例,说明细胞分化的本质是基因选择性表达的结果。

2. 分析比较大肠杆菌乳糖操纵子的差异化表达,感悟环境因子对生物体中基因表达的调控。

3. 认识并能应用真核生物基因表达的多种调控方式,针对真实情境提出可行方案。

评价任务

表 1 - 6 - 1

评 价 内 容	等第(在对应的等第内打√)			
	优秀	良好	合格	不合格
1. 能结合课堂学习活动一中的案例说明细胞分化的本质是基因选择性表达的结果				
2. 参与讨论乳糖操纵子差异化表达的机制,感悟环境因子对生物体中基因表达的调控,形成结构与功能观				
3. 能从基因表达调控方式的角度,针对真实情境提出可行方案				
4. 课后检测、课后反思的完成情况				

学习过程

—— 学 习 建 议 ——

1. 本学习内容的地位和作用

本节课学习主题是必修2第1章第3节的第1课时,作为本章的最后一节,包括细胞分化的本质是基因选择性表达的结果以及表观遗传机制调控基因表达两部分内容。本节课主要讨论基因表达的调控,是在前两节(遗传信息的本质及传递)基础上的进一步延伸。通过实例分析,本节课的内容将使学生认识到随着环境的改变,基因的表达也会发生改变,并能引起细胞的分化,进而产生细胞水平和个体水平的多样性。

2. 学习路径

如图 1 - 6 - 1。

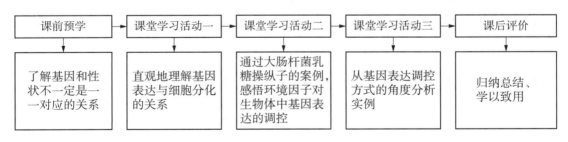

图 1 - 6 - 1

3. 学习重点和难点

学习重点是知道细胞分化的本质是基因选择性表达的结果,难点是应用科学思维分析真实案例,认识细胞分化的本质是基因选择性表达的结果。学生可以通过课堂学习活动一中的真实案例进一步巩固对"基因控制性状"的理解,并认识到基因的选择性表达导致了细胞分化。

4. 评价标准

完成课前预学,通过真实案例认识环境对基因表达的影响。

完成课堂学习活动一,能结合具体案例说明细胞分化的本质是基因选择性表达的结果。

完成课堂学习活动二,能具体阐述大肠杆菌在不同条件下基因差异化表达的机制,并推测生物体中的基因表达受到严格调控的意义。

完成课堂学习活动三,能结合所学知识提出针对 MYC 蛋白的抗肿瘤药物研发思路。

（时间：5 min）

任务：观察同一株水毛茛,裸露在空气中的叶和浸在水中的叶,表现出了两种不同的形态,如图 1－6－2。尝试分析：

图 1－6－2

1. 这两种形态的叶,其细胞的基因组成一样吗?

2. 这两种叶形态的差异,可能是由什么因素引起的?

活动一：分析资料,认识细胞分化的本质是基因选择性表达的结果（达成学习目标 1,对应评价任务 1）

资料 1：表 1－6－2 是鸡体内不同细胞 DNA 与 mRNA 的存在情况,"＋"表示检测发现相应的分子,"－"表示检测未发现相应的分子。

表 1－6－2

检测的 3 种细胞	卵清蛋白基因、珠蛋白基因、胰岛素基因	卵清蛋白 mRNA	珠蛋白 mRNA	胰岛素 mRNA
输卵管细胞	＋ ＋ ＋	＋	－	－
红细胞(有细胞核)	＋ ＋ ＋	－	＋	－
胰岛 β 细胞	＋ ＋ ＋	－	－	＋

请分析表 1－6－2 中 3 种细胞内含有的基因种类和 mRNA 的种类,推测这 3 种细胞合成的蛋白质种类有什么差别? 这一事实说明了什么?

资料 2:表 1－6－3 是人体 4 种细胞中基因的表达情况,"＋"表示检测发现相应的分子,"－"表示检测未发现相应的分子。

表 1－6－3

人体细胞	细胞呼吸相关酶的基因表达	核糖体蛋白基因表达	晶状体蛋白基因表达	胰岛素基因表达	血红蛋白基因表达
胰岛 β 细胞	＋	＋	－	＋	－
眼晶状体细胞	＋	＋	＋	－	－
网织红细胞	＋	＋	－	－	＋
神经细胞	＋	＋	－	－	－

请结合表 1－6－3 所提供的信息,阐述生物体内基因表达的特点并解释原因。

资料 3:阅读课本 P21 第 3 段内容,观察图 1－24 中果蝇个体发育相关基因及表达情况,回答以下问题。

果蝇的 *Antp* 基因在什么细胞中表达? 在其他细胞中有没有 *Antp* 基因? 若该基因在其他细胞中也表达了,你推测将会发生什么?

资料 4:如图 1－6－3,受精卵的第一次卵裂时,基因表达产物——卵黄的不均匀分布,导致细胞两极"环境"微小的差异,成为"动物极"和"植物极"。在接下来的卵裂过程中,细胞的不均等分裂将这种差异扩大成为两个细胞之间的差异,而这种差异进一步导致两个细胞之间基因表达的差异,从而导致了这两个细胞未来命运的不同。

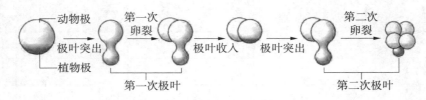

受精卵的不均等胞质分裂过程示意图

图1-6-3

阅读课本P21第2段内容及以上材料,分析这种不均等分裂是如何导致基因的选择性表达的。

活动二:分析资料,认识环境改变对基因表达的影响(达成学习目标2,对应评价任务2)

资料5:大肠杆菌的生长会优先利用葡萄糖作为能源。当环境中葡萄糖耗尽且存在乳糖时,大肠杆菌可以制造一系列酶,包括β-半乳糖苷酶(Z)、β-半乳糖苷透性酶(Y)和β-半乳糖苷乙酰基转移酶(A),来吸收利用乳糖作为能源。而当环境中没有乳糖,大肠杆菌又会立即停止合成这一系列酶,以节约能量。这种精确的调控就是通过乳糖操纵子实现的。雅各布和莫诺德因对大肠杆菌乳糖操纵子的研究荣获1965年的诺贝尔生理学或医学奖。

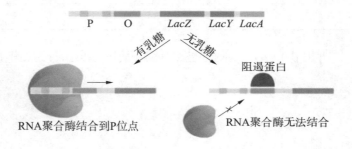

不同条件下大肠杆菌 *LacZ* 等基因差异化表达示意图

图1-6-4

请结合上面材料阐述大肠杆菌在有乳糖和没有乳糖环境下基因的差异化表达。在大肠杆菌的差异化表达中,环境因子是直接影响中心法则的哪一个水平实现的调控?

活动三:应用基因表达调控的方式分析资料(达成学习目标3,对应评价任务3)

阅读课本P22"广角镜"内容并思考,除转录水平调控外,真核生物基因的表达还有哪些调控方式? 向同学介绍你感兴趣的调控方式。

资料 6:研究发现,在 70%~80% 的肿瘤中,MYC 蛋白都会出现过量表达,能以多种方式诱导肿瘤发生,它不但能促进癌细胞迅速增殖,还可以促进血管增生,为肿瘤提供养分,同时还能抑制肿瘤附近免疫细胞的活性,在帮助肿瘤生长方面,MYC 蛋白可谓是无所不用其极。

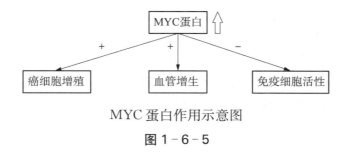

MYC 蛋白作用示意图

图 1 - 6 - 5

结合本节课所学,你有哪些针对 MYC 蛋白的抗肿瘤药物研发思路?

一、人体表皮干细胞相关基因的表达

严重烧创伤等所致皮肤损伤后的愈合能力随着人年龄的增大而逐渐降低,其原因涉及多个方面,其中表皮干细胞增殖分化潜能的改变可能是其重要原因之一。研究者检测了人胎儿期、少儿期、成人期皮肤表皮干细胞增殖分化相关基因的表达量,结果如表 1 - 6 - 4。

表 1 - 6 - 4

皮肤组别	β_1 整合素基因表达量/%	$K19$ 基因表达量/%
胎儿期	97.8	99.0
少儿期	70.3	72.1
成人期	17.5	18.1

1. 损伤的皮肤细胞通过表皮干细胞增殖产生足够数量的新细胞,新细胞与表皮干细胞相比,所含基因的种类_____(填"增加""减少"或"不变")。

2. (多选)表皮干细胞增殖形成的细胞有多种分化方向。由表皮干细胞分化形成的成

纤维细胞与角蛋白形成细胞在形态和功能上有差异,导致这种差异的原因可能有　（　　　）

　　A. 分化过程中基因的种类发生改变

　　B. 分化过程中细胞内的蛋白质种类发生改变

　　C. 分化过程中某些基因的表达受抑制

　　D. 分化过程中某些基因的表达受促进

　　3. 据上表分析,从基因的层面来看,严重烧创伤等所致皮肤损伤后的愈合能力随着人年龄的增大而逐渐降低的原因可能是什么?

　　4. 有人说"基因是导演,蛋白质是演员,性状是演员的表演作品"。你认为这种说法有道理吗? 请你整理总结基因、蛋白质和性状三者之间的关系。

二、心力衰竭与治疗

　　心肌细胞不能增殖,基因 ARC 在心肌细胞中特异性表达,抑制其凋亡,以维持正常数量。细胞中某些基因转录形成的前体 RNA 经过加工过程会产生许多非编码 RNA,如 miR -223(链状)、HRCR(环状),如图 1 - 6 - 6。

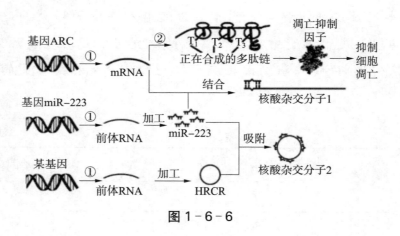

图 1 - 6 - 6

　　1. 上图中过程①表示_____。

　　2. 上图中过程②最终合成的 T_1、T_2、T_3 三条多肽链的氨基酸顺序_____(填"相同"或"不同"),原因是_____。

　　3. 当心肌缺血、缺氧时,基因 miR - 223 过度表达,产生大量 miR - 223,最终导致心力衰

竭,请据图简述其机理:_____

_____。

4. HRCR 可以吸附 miR - 223 等链状的 miRNA,以达到清除它们的目的。链状的 miRNA 越短越容易与 HRCR 结合,原因是_____。

5. 科研人员认为,HRCR 有望成为减缓心力衰竭的新药物,据图分析其依据:_____

_____。

— 课 后 反 思 —

1. 请自主梳理本节课的知识结构。(如用思维导图或概念图的方式)

2. 在完成本节课的学习后,你有哪些收获? 还有哪些未解决的难题? 需要老师提供哪些帮助?

3. 总结自己在本节课学习过程中所使用的思维方法,你有哪些学习策略和同学们分享?

第 7 课　基因选择性表达导致细胞的差异化(下)

▶ 内容出处

普通高中教科书必修 2 第 1 章第 3 节。

▶ 课标要求

1. 内容要求:概述某些基因中碱基序列不变但表型改变的表观遗传现象。
2. 学业要求:阐明 DNA 分子作为遗传物质能传递和表达遗传信息。

▶ 学习目标

1. 分析表观遗传案例,概述某些基因中碱基序列不变但表型改变的表观遗传现象。
2. 运用表观遗传机制对新情境、新问题(如蜂王与工蜂的发育)进行分析和解释。
3. 分析吸烟对人体健康的影响这一案例,认识到环境污染及不良生活习惯会对个体及后代造成不良影响,关注并认同健康生活、保护环境的重要性。

评价任务

表 1 - 7 - 1

评 价 内 容	等第(在对应的等第内打√)			
	优秀	良好	合格	不合格
1. 分析柳穿鱼花形态结构的遗传资料,认识 DNA 甲基化				
2. 讨论 DNA 甲基化的机制,说出对基因表达的影响				
3. 说出 DNA 甲基化的特点,并分析吸烟对人体的影响				
4. 阐述组蛋白修饰影响基因表达的机制				
5. 讨论 RNA 干扰的作用原理,并进行阐述				
6. 课后检测、课后反思的完成情况				

学习过程

— 学习建议 —

1. 本学习内容的地位和作用

本节课是第 1 章第 3 节的第 2 课时,作为本章的最后一节,包括细胞分化的本质是基因选择性表达的结果和表观机制调控基因表达两部分内容。本节课主要讨论基因表达的调控,是在前两节(遗传信息的本质及传递)基础上的进一步延伸。通过实例分析,本课时内容将使学生认识到 DNA 分子上的碱基序列只是决定生物性状的部分原因,基因的表达还会受到很多其他因素的影响和调控,从而产生可遗传的表型变异。

2. 学习路径

如图 1 - 7 - 1。

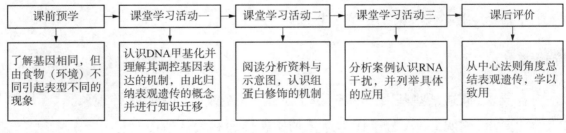

图 1 - 7 - 1

3. 学习重点和难点

学习重点是表观遗传的概念和特点,难点是表观遗传的实质和表观遗传的调控机制。我们可以通过分析讨论课堂学习活动一至活动三中的案例帮助理解。

4. 评价标准

完成课前预学,通过真实案例认识环境对基因表达的影响。

完成课堂学习活动一,能通过具体案例阐释 DNA 甲基化的机制以及对基因表达的影响。

完成课堂学习活动二,能具体阐述组蛋白修饰影响基因表达的机制。

完成课堂学习活动三,能通过具体案例阐释 RNA 干扰的作用原理以及对基因表达的影响。

完成总结,能从中心法则角度总结表观遗传对基因表达的影响。

（时间：8 min）

任务:阅读蜂王和工蜂发育的资料,回答以下问题。

科学家发现,雌性幼虫若主要吃蜂王浆则发育成为蜂王,其身形较大、生殖腺发达,任务主要是繁衍后代;若雌性幼虫主要吃蜂蜜,则发育成为工蜂,其身形较小,只负责采蜜等而不负责生育,如图 1-7-2。

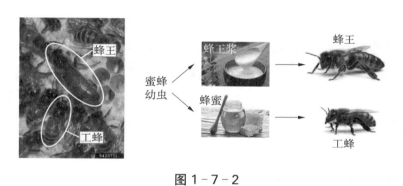

图 1-7-2

1. 蜂王和工蜂都是由同一只蜂王产下的雌性幼虫发育而来,它们表型的差异主要是由基因的差异导致的吗?

2. 只是食物的不同,为什么会影响它们今后的命运呢?

活动一:分析案例,认识 DNA 甲基化(达成学习目标1、2、3,对应评价任务1、2、3)

资料1:柳穿鱼是一种园林花卉。图 1-7-3 所示的两株柳穿鱼,除了花的形态结构不同,其他方面基本相同。

柳穿鱼花的形态结构与 *Lcyc* 基因的表达直接相关。左图所示的两株柳穿鱼,它们体内

Lcyc 基因的碱基序列相同,只是植株 A 的 *Lcyc* 基因在开花时表达,植株 B 的 *Lcyc* 基因不表达。研究表明,植株 B 的 *Lcyc* 基因不表达的原因是它的 *Lcyc* 基因内有多个碱基连接甲基基团。

科学家将这两株植株作为亲本进行杂交,子一代的花与植株 A 的相似,子一代自交产生的子二代中绝大部分植株的花与植株 A 的相似,少部分植株的花与植株 B 的相似。

植株 A(两侧对称花)　　　植株 B(辐射对称花)

植株 A 与植株 B 形态图及杂交示意图

图 1-7-3

请分析资料,导致同属一个物种的两株柳穿鱼形态结构相差巨大的原因是什么? 为什么植株 B 的 *Lcyc* 基因不表达?

资料 2:图 1-7-4 是 DNA 甲基化对基因表达的影响机制,请分析并回答。

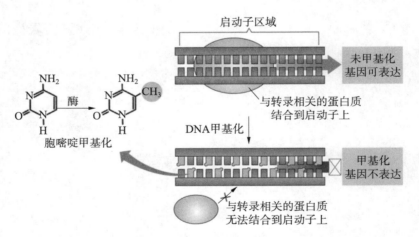

DNA 甲基化对基因表达的影响示意图

图 1-7-4

DNA 甲基化是否改变了基因中的碱基序列? DNA 甲基化后最先影响的是基因表达过程中的哪个过程?

通过柳穿鱼 *Lcyc* 基因的例子,我们发现某些基因在碱基序列_____的情况下,其表达过程也会受影响,从而使细胞或生物个体的表型发生_____,这种现象称为_____。它也是一类_____,广泛存在于真核生物_____和_____过程中,主要包括_____、_____、_____等。

资料 3:研究发现,吸烟对男性精子 DNA 甲基化水平存在影响,孕妇在怀孕期间吸烟会导致胎盘 DNA 甲基化模式改变。

表 1-7-2　吸烟对男性精子的影响

影响	组别		
	A 组(不吸烟)	B 组(轻度吸烟)	C 组(重度吸烟)
DNA 甲基化程度	+	+++	+++
精子密度、存活率、活力	C 组较 A 组明显降低		

研究发现,将雄性小鼠暴露在尼古丁环境一段时间,后代小鼠在学习能力上严重退化,其注意力、脑部单胺类神经递质含量、多巴胺受体表达水平也都大幅降低。分析发现,尼古丁引起了大量基因区域发生了 DNA 甲基化,这种表观遗传标记也被遗传给了子一代和子二代。2017 年 3 月 1 日,修改后的《上海市公共场所控制吸烟条例》正式实施。

1. 根据以上资料分析,吸烟影响人体的具体机制是什么? 会导致什么样的后果?

2. 有些吸烟者认为:"吸烟只会影响自己,对他人不会造成影响。"根据以上资料分析,你认为这些吸烟者的观点正确吗? 请说明你的判断理由。

资料 4:2008 年,《科学》杂志上发表了一项研究,幼虫细胞中 DNA 甲基化酶 Dnmt3 的缺失使幼虫发育成了蜂王,而且这种"人造"蜂王和正常蜂王在外形、卵巢等方面几乎没有区别。DNA 甲基化酶的作用是使 DNA 发生甲基化。

根据以上资料并结合课前预学,推测蜂王浆使蜜蜂雌性幼虫发育成蜂王的机制?

活动二:分析资料,认识组蛋白修饰(达成学习目标 1,对应评价任务 4)

阅读课本 P23 第 3 段与 P24 第 1 段内容,观察核小体模式图和"串珠"结构的电镜照片,完成以下内容。

真核细胞染色质的基本结构是_____,由_____和_____组成。

资料 5:各种修饰酶可在组蛋白向核小体外伸展的 N 端进行特定化学基团的添加和抹去,如在组氨酸上添加乙酰基基团(乙酰化修饰)可中和组氨酸上的碱性基团,导致组蛋白与相邻核小体的联结变得松散,转录相关蛋白质结合到基因启动子区域,开启基因的表达;添加甲基基团(甲基化修饰)会导致染色质的结合更加致密,而在相邻位置氨基酸上再进行磷酸化就具有相反的效果。此外,组蛋白上还可以发生泛素化、ADP核糖基化等修饰。

1. 根据以上资料与课本内容,组蛋白修饰调控基因表达的具体机制最先影响的是基因表达过程中的哪个过程?

2. 组蛋白的异常修饰可能引发机体相应疾病,试举一例并具体阐述?

活动三:分析案例,认识RNA干扰(达成学习目标1,对应评价任务5)

资料6:矮牵牛花蓝紫色品系的颜色深浅是由紫色素决定的。20世纪末,研究人员想让这种品系的矮牵牛花变得更紫更鲜艳,于是向蓝紫色矮牵牛花中转入紫色素合成酶基因,希望更多的紫色素合成酶基因成功表达后,可以合成更多的紫色素,使花瓣变得更紫、更鲜艳。然而事与愿违,矮牵牛花的花瓣中居然出现了白色与杂色,如图1-7-5。经过检测后发现,这些转基因矮牵牛花中紫色素合成酶的含量只有正常矮牵牛花的五十分之一。

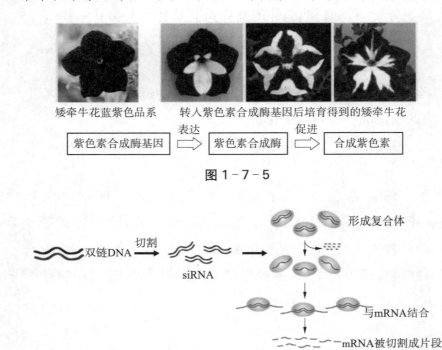

矮牵牛花蓝紫色品系　　转入紫色素合成酶基因后培育得到的矮牵牛花

紫色素合成酶基因 ⟹(表达) 紫色素合成酶 ⟹(促进) 合成紫色素

图1-7-5

双链DNA ——(切割)→ siRNA ——→ 形成复合体

与mRNA结合

mRNA被切割成片段

RNA干扰作用原理示意图

图1-7-6

1. 结合课本P24内容与以上资料,分析并阐述矮牵牛花转入紫色素合成酶基因后,花色反而变白的机理。

2. 结合课本内容,举例说明 RNA 干扰技术可应用于哪些领域?

总结:从"中心法则"看"表观遗传"(达成学习目标 1,对应评价任务 6)

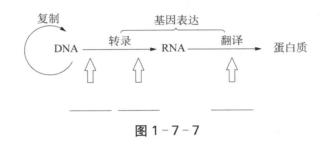

在图 1-7-7 中横线处填写合适的表观遗传机制。

图 1-7-7

— 课后检测 —

一、表观遗传机制

遗传学家曾做过这样的实验:如图 1-7-8,果蝇幼虫正常的培养温度为 25 ℃,将刚孵化的残翅果蝇幼虫放在 31 ℃ 的环境中培养,得到了一些翅长接近正常的果蝇成虫,这些翅长接近正常的果蝇在正常环境温度下产生的后代仍然是残翅果蝇。

残翅果蝇　　　　　　翅长接近正常的果蝇

图 1-7-8

1. 请针对高温培养残翅果蝇幼虫得到翅长接近正常的果蝇成虫的原因提出假说,并进行解释。

提示:翅的发育是否经过酶催化的反应? 酶与基因的关系是怎样的? 酶与温度的关系是怎样的?

_____

_____。

2. 基因表达可受到表观遗传机制的调控。关于表观遗传机制,下列表述正确的是（　　　）

A. DNA 序列发生改变　　　　　　B. DNA 甲基化阻碍转录的发生

C. RNA 干扰增加 mRNA 数量　　　D. 组蛋白发生修饰后必然抑制基因的表达

3. 表观遗传学是指细胞内 DNA 序列没有改变,但基因的表达发生可遗传变化的现象。下列对此现象的叙述,错误的是 （　　）

A. 同卵双胞胎之间的差异是由遗传物质不同引起的

B. 细胞质中的调控因子对基因的表达起调节作用

C. 正常的细胞分化可以体现出细胞层次上的表观遗传

D. 若基因的启动部位被修饰,则可能抑制了 RNA 聚合酶的识别

二、基因表达

图 1-7-9 中数字编号为基因表达的具体步骤,右列是一些可能影响基因表达的事件。据图回答下列问题。

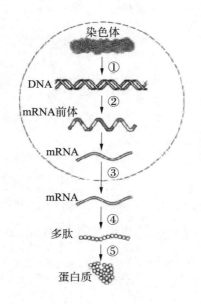

- DNA 甲基化
- 组蛋白甲基化修饰
- 阻遏蛋白结合与启动子结合
- 增强 RNA 聚合酶与启动子的结合
- 抑制 RNA 聚合酶的活性
- 干扰核糖体与 mRNA 的结合
- 激活翻译相关蛋白质的活性
- 细胞内注入与 mRNA 序列互补的短 RNA 片段
- 激活与蛋白质加工相关的酶活性

图 1-7-9

1. 将图中右列事件与其直接影响的基因表达步骤编号进行连线。

2. 真核细胞染色质主要由_____和_____组成。

3. DNA 甲基化通常发生在 DNA 中的_____(填碱基名称)上,通常会阻碍_____(填图中的数字编号)的发生。

4. 研究表明,染色质中组蛋白 H4 乙酰化水平升高,导致某些基因过度表达,可能会引发系统性红斑狼疮。请结合基因表达调控的机制,设计一份治疗方案。

三、DNA 甲基化

DNA 甲基化是 DNA 化学修饰的一种形式,能影响表现型,也能遗传给子代。在蜂群中,雌蜂幼虫一直取食蜂王浆而发育成蜂王,而以花粉和花蜜为食的幼蜂将发育成工蜂。研

究发现:DNMT3 蛋白是核基因 DNMT3 表达的一种 DNA 甲基化转移酶,能使 DNA 某些区域添加甲基基团,如图 1-7-10 所示。回答下列问题:

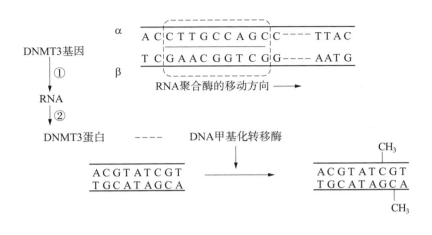

图 1-7-10

1. 蜜蜂细胞中 DNMT3 基因发生过程①的场所是_____。

2. 若以基因的 β 链为模板,则虚线框中合成的 RNA 的碱基序列顺序为_____。

3. DNA 甲基化若发生在基因转录的启动子序列上,则会影响 RNA 聚合酶与该序列的识别与结合,进而抑制基因的表达。据图可知,DNA 甲基化_____(填"会"或"不会")改变基因的碱基序列。

4. 在细胞内,少量的 mRNA 可以迅速合成大量的蛋白质,原因:_____
_____。

5. 已知注射 DNMT3 siRNA(小干扰 RNA)能使 DNMT3 基因表达沉默,蜂王的基因组甲基化程度低于工蜂的,请设计实验验证基因组的甲基化水平是决定雌蜂幼虫发育成工蜂还是蜂王的关键因素。

实验思路:

(1) 取多只_____,均分为 A、B 两组。

(2) A 组不做处理,B 组_____。

(3) 其他条件相同且适宜,用花粉和花蜜饲喂一段时间后,观察并记录幼蜂发育情况。

(4) 实验现象:_____。

—— 课后反思 ——

1. 请自主梳理本节课的知识结构。(如用思维导图或概念图的方式)

2. 在完成本节内容的学习后,你有哪些收获? 还有哪些未解决的难题? 需要老师提供哪些帮助？

3. 你有哪些学习策略和同学们分享？总结自己在本节课学习过程中所使用的思维方法。

第 1 章　学业评价

一、DNA 上的秘密

DNA 到底是如何进行复制的？在 20 世纪 50 年代是一个非常热门的话题。甲图是关于 DNA 的两种复制方式。1958 年,美国生物学家梅塞尔森和斯塔尔以大肠杆菌为实验材料,设计了一个巧妙的实验(乙图)来验证 DNA 的复制方式。

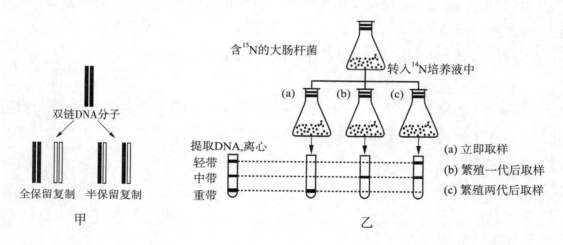

甲

乙

1. 要分析 DNA 的复制方式,首先需要通过同位素标记技术来区分亲代 DNA 与子代 DNA。已知 ^{14}N、^{15}N 是氮元素的两种稳定同位素,稳定同位素不具有放射性,因此还需借助_____技术将大肠杆菌不同的 DNA 分子分离开。

2. 分析乙图,最早可根据_____(填"a""b"或"c")的离心结果确定 DNA 的复制方式为_____。若离心结果是轻带和中带 DNA 含量为 3 : 1,则亲代大肠杆菌的 DNA 进行了_____次复制。

细胞核外的细胞器中也含有 DNA,这些 DNA 是如何形成的,是如何进行复制的？1981 年,安德森等人研究发现,全长为 16 569 bp 的人类线粒体基因组为裸露双链环状 DNA,且可以进行自我复制。下图为人类线粒体 DNA 和核 DNA 的协同作用示意图。

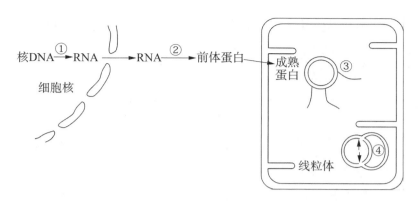

3. 线粒体 DNA 编码线粒体中少部分蛋白质和全部的 tRNA 和 rRNA,其中所需的酶均由核 DNA 编码并以前体蛋白的形式转入线粒体,则细胞中 RNA 聚合酶发挥作用的场所有_____。

4. 过程③为_____,与④过程相比,过程③特有的碱基配对方式是_____。

DNA 分子上的碱基序列有什么规律? 下面甲图是用 DNA 测序仪测出的线粒体 DNA 分子片段中一条脱氧核苷酸链的碱基排列顺序(TGCGTATTGG)。

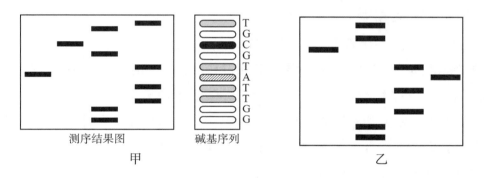

5. 据甲图推测,此双链 DNA 片段中鸟嘌呤脱氧核苷酸的数量是_____个。

6. 根据甲图脱氧核苷酸链碱基排列顺序,分析乙图显示的脱氧核苷酸链碱基序列为_____。(从上往下排序)

二、基因的表达调控

当细胞中缺乏氨基酸时,负载 tRNA(携带氨基酸的 tRNA)会转化为空载 tRNA(没有携带氨基酸的 tRNA)参与基因表达的调控,甲图是缺乏氨基酸时,tRNA 调控基因表达的相关过程。

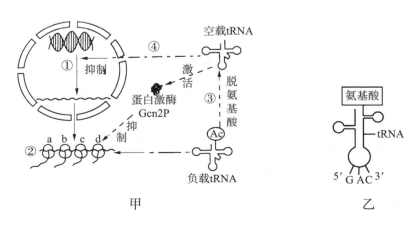

1. 下列是过程①中的部分片段,箭头表示①进行的方向,其中正确的是 （ ）

A. $\overrightarrow{3'-GACT-5'}$RNA
$\underline{5'-CTGA-3'}$DNA

B. $\overrightarrow{3'-GACU-5'}$RNA
$\underline{5'-CTGA-3'}$DNA

C. $\overrightarrow{5'-GACT-3'}$RNA
$\underline{3'-CTGA-5'}$DNA

D. $\overrightarrow{5'-GACU-3'}$RNA
$\underline{3'-CTGA-5'}$DNA

2. tRNA 具有转运氨基酸的功能,乙图中 tRNA 携带的氨基酸是 （ ）

A. 天冬氨酸(5′-GAC-3′)

B. 谷氨酰胺(5′-CAG-3′)

C. 缬氨酸(5′-GUC-3′)

D. 亮氨酸(5′-CUG-3′)

3. 甲图中过程②的名称是_____,该过程所需原料是_____,核糖体沿 mRNA 移动的方向是_____(填"向左"或"向右")。

4. (多选)下列关于 tRNA 参与调控基因表达的过程,叙述正确的是 （ ）

A. 过程①所需的嘧啶数与嘌呤数相等

B. 过程②中结合过 tRNA 最多的核糖体是 a

C. 当细胞缺乏氨基酸时,空载 tRNA 能通过核孔进入细胞核来抑制过程①

D. 当细胞缺乏氨基酸时,负载 tRNA 能直接激活蛋白激酶来抑制过程②

操纵子是原核细胞基因表达调控的一种组织形式,它由调节基因(R)、启动子(P)、操纵基因(O)、结构基因等部分组成。下图表示大肠杆菌细胞中乳糖代谢所需酶的合成及调控过程,其中左边环境中无乳糖,右边环境中有乳糖。

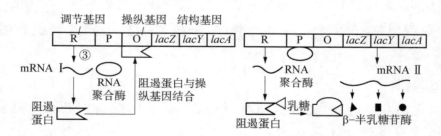

5. 过程③发生的场所是_____。

6. 由图可知,当环境中有乳糖时,乳糖与阻遏蛋白结合,使阻遏蛋白的_____发生改变而失去功能,从而使结构基因表达,合成β-半乳糖苷酶催化乳糖分解。当环境中没有乳糖时,调节基因的表达产物阻遏蛋白会与操纵基因结合,阻碍_____与启动子结合,从而抑制结构基因表达。该调节机制的意义是_____。

DNA 甲基化能够调控基因表达和个体发育,并能够在亲代和子代间传递表观遗传信息。研究发现,雌蜂幼虫用不同的食物喂养,基因组的甲基化程度不同。科学家通过现代生物技术手段,得到 Dnmt3(DNA 甲基转移酶的一种)合成被破坏的雌蜂幼虫,在同样喂食花粉和花蜜的条件下,幼虫分化结果如下图。

 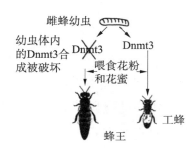

7. 在酶的催化下,DNA 中的_____会发生甲基化,阻碍转录的发生,使甲基化部位的基因不能表达。

8. (多选)根据已有知识分析上图,下列分析正确的是　　　　　　　　　　　　(　　)

A. DNA 分子甲基化程度越高,DNA 碱基序列的改变程度越大

B. 对于 Dnmt 功能缺陷的雌蜂幼虫来说,食物类型的差异不影响其发育方向

C. 指导 Dnmt 合成的基因是决定雌蜂幼虫发育分化的关键因素

D. 蜂王浆中的某些物质可以抑制 Dnmt3 的合成

三、乙肝病毒

乙肝病毒(HBV)感染肝细胞后,可导致肝脏发生炎症,严重时可发展为肝癌。HBV 侵入人体后的复制过程如下图所示,过程Ⅰ产生的双链闭环 DNA(cccDNA)能够在细胞核内存在数月至数年。

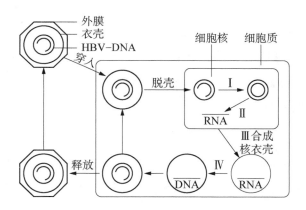

1. HBV 是一种很小的病毒,下列有关该病毒的叙述正确的是　　　　　　　　(　　)

A. 外膜的主要成分为蛋白质和多糖

B. 仅含有核糖体一种细胞器

C. 其核酸含有 5 种碱基

D. cccDNA 中每个磷酸均与两个脱氧核糖相连

2. 若 HBV 衣壳蛋白基因的编码链部分序列为 $5'-GGACTGATT-3'$,则过程Ⅱ获得的相应 RNA 区段序列为_____。

3. 直接参与过程Ⅲ的物质与结构有_____。(填编号)

① 病毒的 RNA 聚合酶　　　　② 肝细胞的 tRNA　　③ 病毒的氨基酸

④ 肝细胞的核糖核苷酸三磷酸　⑤ 病毒的 mRNA　　⑥ 肝细胞核糖体

4. 下列关于 HBV 在细胞内增殖过程的叙述,错误的是　　　　　　　　　　　(　　)

A. cccDNA 指导合成的 RNA 可通过核孔进入细胞质

B. 过程 Ⅱ 和过程 Ⅲ 可以同时进行

C. 与过程 Ⅲ 相比,过程 Ⅳ 特有的碱基配对方式是 A - T

D. 若利用 ^{15}N 标记 HBV 的 DNA,则子代 HBV 中存在放射性

研究发现,HBV 外膜上 pre - SI 区域是病毒进入细胞的关键结构,人类细胞上的 NTCP 蛋白可与该片段特异性结合。为验证 NTCP 蛋白在 HBV 侵染肝细胞过程中的作用,科学家将一种 siRNA 加入可被 HBV 侵染的人类肝脏细胞中,如甲图,先后检测 HBV 侵染前细胞中 NTCP mRNA 量、HBV 侵染细胞一段时间后 HBV 的 RNA 量,结果如乙图。

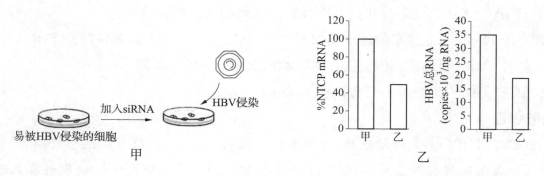

5. (多选)siRNA 是一类短双链 RNA 分子,主要参与 RNA 干扰,siRNA 被某种酶处理后,可使 NTCP 基因不能完成表达,即基因沉默。下列相关叙述正确的是　　　　(　　)

A. siRNA 阻碍了 NTCP 基因的转录过程

B. siRNA 可直接与 NTCP 基因的 mRNA 结合

C. 合成 siRNA 需了解 NTCP 基因的碱基序列

D. siRNA 的调控发生在细胞核中

6. 结合题干信息,可推测出甲组(对照组)加入的是_____。(填编号)

① 抵抗 HBV 侵染的人类肝脏细胞　　② 易被 HBV 侵染的人类肝脏细胞

③ 不与 NTCP mRNA 互补结合的 siRNA　④ 与 NTCP mRNA 互补结合的 siRNA

⑤ HBV 病毒　　　　　　　　　　　　⑥ 生理盐水

7. 结合题干信息及实验数据,阐述该实验结论:_____

_____

_____。

四、红耳龟的性别分化

红耳龟性别分化与卵的孵化温度密切相关,26 ℃条件下全部孵化为雄性,32 ℃条件下全部孵化为雌性。为研究 D 基因在性腺分化中的作用,科研人员利用孵化箱孵化三组红耳龟卵,测定胚胎发育不同时期性腺细胞中 D 基因表达量,实验结果如下图所示。

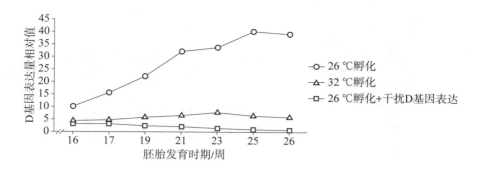

1. D基因在性腺细胞中的表达场所是_____,基因表达时先以D基因的一条脱氧核苷酸链为模板转录出 mRNA,完成该过程所需的酶是_____。科研人员将特定的 DNA 片段转入性腺细胞中,使其产生的 RNA 与 D 基因的 mRNA_____,D 基因的 mRNA 无法翻译,从而干扰 D 基因表达。

2. (多选)科研人员推测,D 基因是胚胎发育成雄性的关键因子,支持此推测的证据有

(   )

A. 26 ℃时,D 基因表达量高,且胚胎全部发育成雄性

B. 26 ℃时,D 基因表达量高,且胚胎全部发育成雌性

C. 32 ℃时,D 基因表达量低,且胚胎全部发育成雌性

D. 32 ℃时,D 基因表达量低,且胚胎全部发育成雄性

E. 26 ℃及干扰 D 基因表达情况下,与 32 ℃时 D 基因表达量相近

3. 科研人员将不同温度下孵化的三组红耳龟卵进行相应处理,检测胚胎的性腺分化情况,实验处理及结果如下表所示。

组别	孵化温度/℃	处理	总胚胎数	睾丸	卵巢	睾丸卵巢的中间型
1	26	Ⅰ	43	2	33	8
2	26	Ⅱ	36	36	0	0
3	32	不做处理	37	0	37	0

实验结果支持上述推测。上表中Ⅰ和Ⅱ的处理分别是:_____、_____

_____。

第 2 章　有性生殖中的遗传信息传递

第 1 课　有性生殖中遗传信息通过配子传递给子代（上）

内容出处

普通高中教科书必修 2 第 2 章第 1 节。

课标要求

1. 内容要求：(1)阐述减数分裂产生染色体数目减半的精细胞或卵细胞。(2)说明进行有性生殖的生物体，其遗传信息通过配子传递给子代。

2. 学业要求：运用细胞减数分裂的模型，阐明遗传信息在有性生殖中的传递规律。

学习目标

1. 对人类染色体进行分类，建构同源染色体的概念，发展观察与比较思维。

2. 能够运用学具，模拟减数分裂产生配子的过程，说出染色体和 DNA 的变化规律，发展演绎与推理、归纳与概括的科学思维。

3. 阐明减数分裂产生染色体数目减半的生殖细胞，理解受精作用使子代体细胞的染色体数目与亲代保持一致。

评价任务

表 2 - 1 - 1

评 价 内 容	等第(在对应的等第内打√)			
	优秀	良好	合格	不合格
1. 完成课堂学习活动一，对人类染色体进行分类，阐述同源染色体的概念				
2. 完成课堂学习活动二，为减数分裂图像排序并阐述理由，描述各时期特点，说出各时期染色体的变化				

(续表)

评 价 内 容	等第(在对应的等第内打√)			
	优秀	良好	合格	不合格
3. 完成课堂学习活动三,总结减数分裂和受精作用的意义				
4. 课后检测、课后反思的完成情况				

学习过程

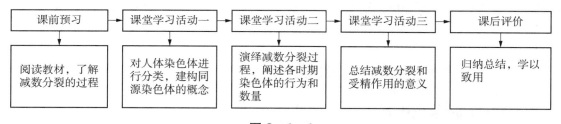学习建议

1. 本学习内容的地位和作用

本节课包含 3 个学习内容:减数分裂产生染色体数目减半的精细胞或卵细胞、模拟减数分裂中染色体的变化、配子结合将亲代的遗传信息传递给子代。本节课承接有丝分裂知识,同时为遗传、变异等内容奠定细胞学基础,所以本节内容既是本章的重点也是本书的重难点之一。

2. 学习路径

如图 2-1-1。

课前预习	→	课堂学习活动一	→	课堂学习活动二	→	课堂学习活动三	→	课后评价
阅读教材,了解减数分裂的过程		对人体染色体进行分类,建构同源染色体的概念		演绎减数分裂过程,阐述各时期染色体的行为和数量		总结减数分裂和受精作用的意义		归纳总结,学以致用

图 2-1-1

3. 学习重点和难点

重点是在探讨有性生殖过程中遗传信息的传递,难点是建立染色体变化的模型。在学习中可采用以下方法突破重难点:解读减数分裂的核心概念并建构同源染色体、联会等模型;合作构建模拟减数分裂过程中染色体的变化模型,通过互评活动对初步构建的模型进行修正和展示,归纳减数分裂中染色体动态变化的一般规律。通过学习本节课的内容,学生能自主完成减数分裂过程的排序,培养观察、比较和分析的思维方式,发展演绎与推理的科学思维。

4. 评价标准

完成课堂学习活动一,通过对人体染色体进行分类,建构同源染色体的概念。

完成课堂学习活动二,能概述减数分裂不同时期的特点,重点关注染色体行为和数量变化。

完成课堂学习活动三,能总结减数分裂和受精作用的意义。

--- 课前预学 ---

(时间:10 min)

任务一:自然界中大多数高等生物是通过有性生殖进行繁殖的。在有性生殖过程中,两性各自产生配子,并通过雌雄配子结合产生子代。在此过程中,子代的染色体数如何与亲代保持一致呢? 亲代的遗传信息又是怎样传递给子代的呢? 阅读课本 P30"小鼠的有性生殖过程",思考以下问题:

1. 推测小鼠精子和卵子中的染色体数目。子代小鼠与亲代小鼠的体细胞中含有相同数目的染色体,其遗传意义何在?

2. 精子和卵子都是由细胞分裂形成的,这种细胞分裂方式与有丝分裂是否相同? 为什么?

任务二:阅读课本 P32、P33 减数分裂各时期细胞和染色体的变化图,了解减数分裂的过程。

--- 课堂学习 ---

活动一:建构同源染色体概念(达成学习目标1,对应评价任务1)

1. 图 2-1-2 是人体细胞中的染色体,请试着将这些染色体减半,分成两个细胞。在操作中你会遇到什么困难?

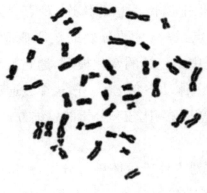

图 2-1-2

2. 经过整理后的染色体若用编号将它们排序(成对的染色体同号,如图 2-1-3),在右边方框中写下卵细胞中的染色体编号,你为什么这样分? 这对将来受精作用有什么意义?

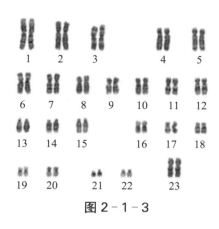

图 2 - 1 - 3

卵细胞

3. 图中配对的染色体有什么特点?

活动二:演绎减数分裂过程(达成学习目标 2,对应评价任务 2)

阅读课本 P32、P33 减数分裂各时期细胞和染色体变化图,回答以下问题:

1. 减数分裂过程中,DNA 复制了几次,细胞分裂了几次?

2. 请将图 2 - 1 - 4 中无序的图片排序并阐述排序的理由,描述染色体变化规律。

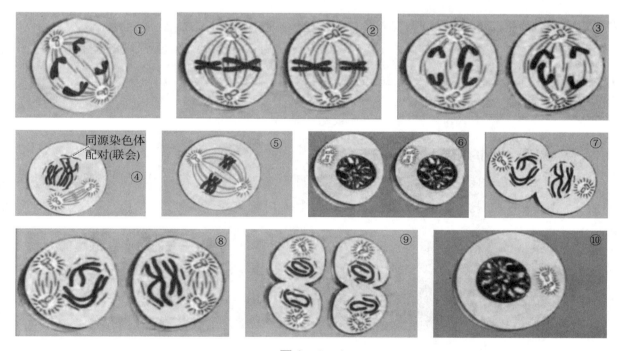

图 2 - 1 - 4

3. 说出减数分裂 Ⅰ 过程中,同源染色体有哪些具体行为?

4. 减数分裂Ⅱ过程与有丝分裂有何异同?

5. 假设体细胞中染色体数为 4 条,在表 2-1-2 中写出减数分裂各时期染色体行为、数量和 DNA 数量变化。

表 2-1-2

减数分裂Ⅰ	间期	前期	中期	后期	末期
同源染色体行为					
染色体数量					
DNA 数量					
减数分裂Ⅱ	间期	前期	中期	后期	末期
染色体行为					
染色体数量					
DNA 数量					

活动三:总结减数分裂和受精作用的意义(达成学习目标 3,对应评价任务 3)

观察课本 P30 图 2-1,回答下列问题:

1. 看图总结:_____形成染色体数目减半的_____和_____,通过_____产生受精卵使染色体数目恢复,从而保证了_____。

2. 看图总结:减数分裂既有效地获得父母双方的遗传物质,保证后代的遗传稳定性,又可以增加更多的_____机会,_____。

—— 课后检测 ——

一、百合花粉母细胞的形成

图 2-1-5 是显微镜下观察到的二倍体细叶百合(2n=24)花粉母细胞减数分裂各时期的图像。图 2-1-6 表示该植物细胞分裂过程中不同时期每条染色体上 DNA 分子数目的变化。请回答下列问题:

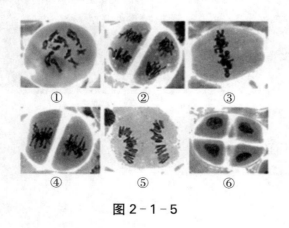

①　　②　　③
④　　⑤　　⑥

图 2-1-5

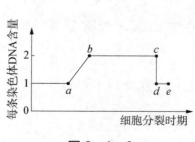

图 2-1-6

1. 减数分裂过程中,染色体数目的减半发生在＿＿＿＿＿＿＿(填"减数分裂Ⅰ"或"减数分裂Ⅱ"),原因是＿＿＿＿＿＿＿＿＿＿＿＿＿＿＿。

2. 图 2－1－5 所示细胞的分裂顺序依次是＿＿＿＿＿＿＿＿＿＿(填序号),细胞①的名称为＿＿＿＿＿＿＿＿。

3. 图 2－1－6 中 cd 段变化的原因是＿＿＿＿＿＿＿＿＿＿＿＿,处于该时期的细胞可能是图 2－1－5 中的细胞＿＿＿(用序号表示)。

4. 图 2－1－7 表示细叶百合花粉母细胞在减数分裂前的间期和减数分裂过程中不同时期的细胞核内 DNA 和染色体的数量变化柱形图。

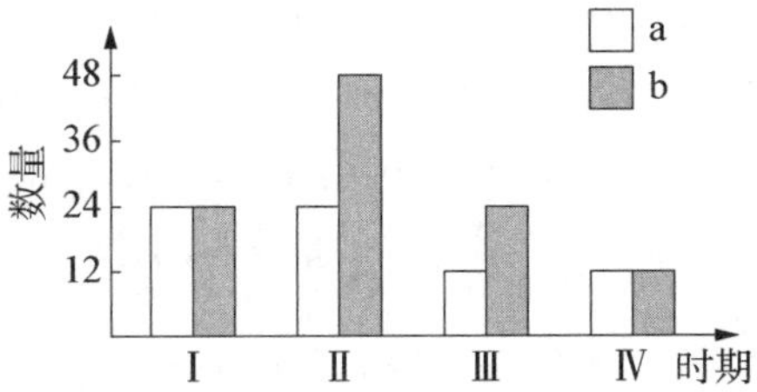

（1）图中 a 表示＿＿＿＿。

（2）从图中可以推知,体细胞中最多可含有＿＿＿＿条染色体。

（3）在图中的四个时期,细胞中出现四分体的时期是＿＿＿＿(填图中时期序号),处于时期Ⅲ的细胞名称是＿＿＿＿＿＿＿。

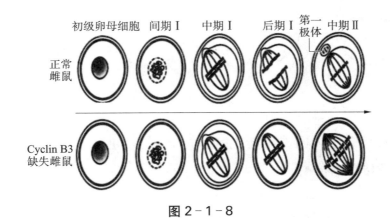

图 2－1－7

二、细胞周期蛋白

有一项研究发现,细胞周期蛋白 B3(Cyclin B3)缺失的雌性小鼠所产生的卵细胞异常,但在减数分裂过程中姐妹染色单体能正常分开。为进一步揭示 Cyclin B3 的功能,研究者对正常雌鼠与 Cyclin B3 缺失雌鼠的卵细胞形成过程中的关键时期进行了对比,如图 2－1－8 所示。据图回答下列问题:

图 2－1－8

1. 雌鼠的卵细胞发生起始于卵原细胞,卵原细胞经过＿＿＿＿(填"细胞分化"或"细胞分裂")过程形成初级卵母细胞,下列关于该过程的说法正确的是　　　（　　　）

A. 其本质是基因的选择性表达

B. 会导致细胞内 DNA 的碱基序列发生改变

C. 会导致细胞内转录形成的 mRNA 完全不同

D. 会导致细胞内表达的蛋白质完全不同

2. 下列①～④为雌鼠的卵细胞形成过程中细胞中发生的主要活动,其先后顺序为 （　　）

① 非同源染色体自由组合　② DNA 复制　③ 着丝粒一分为二　④ 联会

A. ④→①→②→③　　　　　　　　　B. ②→④→①→③

C. ④→③→②→①　　　　　　　　　D. ②→④→③→①

3. (多选)正常雌鼠减数分裂过程中,中期Ⅰ和中期Ⅱ的相似之处是 （　　）

A. 都有染色体的着丝粒排在细胞中央的赤道面上

B. 都有同源染色体排在细胞中央的赤道面上

C. 核仁核膜均已消失,纺锤体都已形成

D. 都有姐妹染色单体

4. 据图可推测细胞周期蛋白 B3(Cyclin B3)的功能是促进 （　　）

A. 纺锤体的形成　　　　　　　　　B. DNA 的复制

C. 同源染色体的分离　　　　　　　D. 着丝粒的分裂

5. 生物兴趣小组的同学在观察不同生物减数分裂装片时,小萌同学不小心把马蛔虫($2n=4$)卵巢、精巢和果蝇($2n=8$)卵巢、精巢的减数分裂装片搞混了。通过对图 2-1-9 所示几个分裂相细胞的观察,她做出了正确的判断。她判断正确的是 （　　）

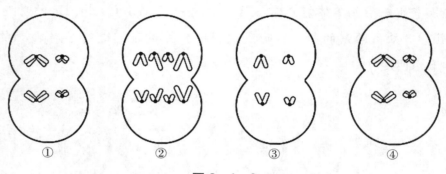

图 2-1-9

A. ①一定来自马蛔虫,但不能确定性别　　B. ②一定来自果蝇,但不能确定性别

C. ③一定来自马蛔虫精巢　　　　　　　　D. ④一定来自果蝇的卵巢

三、手指建模

除了捏橡皮泥、画图,用手指也可以轻松模拟出减数分裂过程,如图 2-1-10,先伸出双手食指代表一对同源染色体,然后将中指与食指并拢,表示染色体复制。

1. 正常情况图中右手的中指和食指 （　　）

A. 含有相同的遗传信息

B. 含有等位基因

C. 分别来自父方和母方

D. 不含有非等位基因

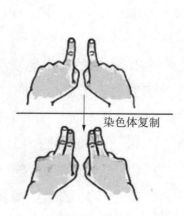

染色体复制

图 2-1-10

2. 图 2-1-11 是图 2-1-10 后续可能的手指动作。图中可能发生交叉互换的是（　　　）

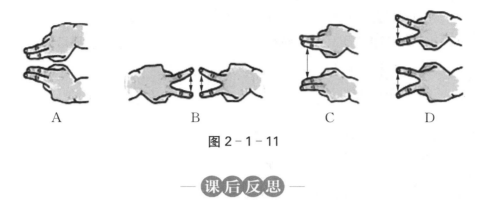

A　　　　　　　B　　　　　　　C　　　　　　　D

图 2-1-11

—— 课后反思 ——

1. 完成本节课内容的学习后，你有哪些收获？还有哪些未解决的难题？想要老师提供哪些帮助？

2. 反思自己在本节课的学习过程中使用的思维方法，你有哪些学习策略和同学们分享？

第 2 课　有性生殖中遗传信息通过配子传递给子代（下）

内容出处

普通高中教科书必修 2 第 2 章第 1 节。

课标要求

1. 内容要求：(1)阐明减数分裂产生染色体数目减半的精细胞或卵细胞。(2)说明进行有性生殖的生物体，其遗传信息通过配子传递给子代。

2. 学业要求：学生应该能够运用细胞减数分裂的模型，阐明遗传信息在有性生殖中的遗传规律，认识到遗传的稳定性和多样性背后的物质基础——染色体和基因。在以上物质观的建立基础上，学生能够对减数分裂的意义和遗传规律的本质有更加清晰的认识。在探究和建模中培养学生的建模、推理、归纳与概括等科学思维。

学习目标

1. 通过"探究·建模"直观认识同源染色体、非同源染色体在减数分裂过程中的变化，感悟配子中基因组合的变化,培养学生科学探究的能力。

2. 阐明精子和卵细胞的形成,比较它们的异同,培养学生的科学思维素养。

3. 通过估算每个孩子出生的概率,感悟遗传多样性产生的原因,懂得尊重生命、热爱生命。

评价任务

表 2-2-1

评 价 内 容	等第(在对应的等第内打√)			
	优秀	良好	合格	不合格
1. 在"探究·建模"中观察减数分裂过程中染色体行为和数量变化,发现基因重组增加配子的种类,建立基因组合与染色体行为的联系				
2. 通过图像比较法,阐明精子和卵细胞形成中的异同点				
3. 通过概率计算,感悟每个生命的降生是一个小概率事件,懂得尊重和珍爱生命;感悟产生遗传多样性的原因				

学习过程

— 学习建议 —

1. 本学习内容的地位和作用

本节课包括减数分裂产生染色体数目减半的精细胞或卵细胞、模拟减数分裂中染色体的变化、配子结合将亲代的遗传信息传递给子代。本节课首先通过"探究·建模"复习巩固减数分裂的过程,初步建立基因组合与染色体行为的联系,为下一节孟德尔的两大遗传定律的学习奠定基础;然后学习精子和卵细胞形成的异同,在第 1 课时的基础上进一步认识受精作用使子代体细胞的染色体数目与亲代保持一致;最后通过估算每个孩子出生的概率,感悟遗传多样性产生的原因之一是基因重组,为第 3 章可遗传的变异的学习奠定基础。

2. 学习路径

如图 2-2-1。

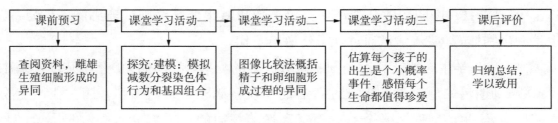

图 2-2-1

3. 学习重点和难点

本节课重难点是减数分裂过程中基因和染色体的行为、精子和卵细胞形成的异同。学生在学习过程中可采用以下方法突破重难点:通过"探究·建模"活动感受两对同源染色体在减数分裂过程中的变化,染色体数目减半、同源染色体联会和分开、非同源染色体自由组合等现象,以及配子中基因组合的变化。通过发现减数分裂过程中的变异为生物多样性提供来源,感悟基因随染色体分配到子细胞。通过图像比较,能概括精子和卵细胞形成的异同,理解减数分裂和受精作用的意义。

4.评价标准

完成课堂学习活动一,通过"探究·建模"活动,掌握减数分裂过程中染色体、染色单体、同源染色体的变化规律和基因组合。

完成课堂学习活动二,能概述精子和卵细胞形成的异同点,感悟减数分裂和受精作用的意义。

完成课堂学习活动三,能算出父母生出自己的概率小于$1/2^{46}$,感悟遗传多样性产生的原因。

（时间:5 min）

任务一:课前查阅资料,了解精子和卵细胞的减数分裂过程是否完全相同?

任务二:了解女性的次级卵母细胞在哪里发生减数第二次分裂? 发生减数第二次分裂的前提是什么?

活动一:探究·建模:模拟减数分裂过程中染色体的变化(达成学习目标1,对应评价任务1)

阅读《生物学实验与活动部分》P8内容,模拟减数分裂过程,回答"思考和讨论"1～3。

步骤1.标记出染色体上的基因和细胞两极:搭建成如图2-2-2的染色体并标注基因(建议磁性底板的长轴划分第一次分裂的两极)。

步骤2.模拟前期Ⅰ:手持染色体移动,摆出前期Ⅰ染色体的特殊行为,拍照记录。（若课堂上无拍照条件,请在此过程模拟结束即刻填写步骤7中表2-2-2,步骤3～6操作类似）

步骤3.模拟中期Ⅰ:移动染色体使同源染色体整齐排列在赤道面上拍照记录。

步骤4.模拟后期Ⅰ:将同源染色体分开并分别移向两极,观察并拍照记录两极的染色体数目、染色单体数目以及3对基因在染色体上的位置。

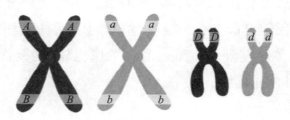

3 对基因标注示意图

图 2-2-2

步骤 5. 模拟末期Ⅰ:在底板上画出 2 个子细胞的核膜,表示减数分裂Ⅰ完成。观察并拍照记录每个细胞核中的染色体数目、染色单体数目,以及 3 对基因在染色体上的位置。在底板上分别标出减数第二次分裂的两极(建议沿底板的短轴划分)。

步骤 6. 模拟减数分裂Ⅱ:参照步骤 2~5,模拟减数分裂Ⅱ,观察染色体和染色单体的数目,4 个子细胞中的基因组成。

步骤 7. 统计结果:列表归纳减数分裂不同时期的染色体、染色单体和同源染色体的数目以及细胞中的基因组成。

表 2-2-2 减数分裂各时期细胞内的染色体、同源染色体、染色单体和基因组合统计结果(不交换)

时期	前期Ⅰ	中期Ⅰ	后期Ⅰ	末期Ⅰ	前期Ⅱ	中期Ⅱ	后期Ⅱ	末期Ⅱ
染色体/条								
同源染色体/对								
染色单体/条								
基因组合(不交换)								

注:基因组合表述方式如 AAaaBBbbDDdd、AABBDD、aabbdd 等。

步骤 8. 若同源染色体上的两对等位基因在前期Ⅰ发生交换,继而完成全部减数分裂过程。请模拟此过程,将基因组合填入表 2-2-3 中。

表 2-2-3 减数分裂各时期细胞内的染色体、同源染色体、染色单体和基因组合统计结果(交换)

时期	前期Ⅰ	中期Ⅰ	后期Ⅰ	末期Ⅰ	前期Ⅱ	中期Ⅱ	后期Ⅱ	末期Ⅱ
基因组合(交换)								

注:基因组合表述方式如 AAaaBBbbDDdd、AABbDD、aaBbdd 等。

思考和讨论:

1. 与其他小组比较表 2-2-2 数据,各组最终得到的子细胞中,染色体数目是否相同?

基因组合是否相同? 如果不同,是从哪个时期开始发生变化的? 原因是什么?

2. 比较表 2-2-2 和表 2-2-3 的数据,同源染色体之间在前期 I 不发生交换与发生交换相比,哪种情况产生的子细胞中的基因组合多? 原因是什么?

3. 总结减数分裂过程中的 2 种变异的意义。

活动二:通过图像比较法,阐明精子和卵细胞形成中的异同点(达成学习目标 2,对应评价任务 2)

观看精子和卵细胞形成的动画,然后观察课本 P35 图 2-4,回答"思考和讨论"4。

思考和讨论:

4. 不同物种的减数分裂过程基本相同,但雌雄配子的形成也是有差异的。请在表 2-2-4 中比较它们之间的异同点。

表 2-2-4

精子与卵子形成过程的异同点				
相同点				
不同点	精子形成			
	卵子形成			

活动三:你来到这个世界的概率小于 $1/2^{46}$(达成学习目标 3,对应评价任务 3)

思考和讨论:

5. 根据今天所学的知识,你能否解释自己既像妈妈又像爸爸的原因? 你能否解释你与爸爸妈妈存在差异的原因?

6. 观察图 2-2-3,为什么"父母生出你的概率小于 $1/2^{46}$"? 父母再生一个孩子与你相同的概率有多大?

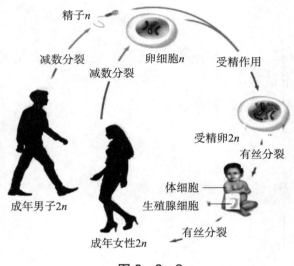

图 2-2-3

总结:你来到这个世界上是个小概率事件,你是独一无二的。每个生命都值得被珍爱。

课堂检测

1. 有人说,减数分裂形成了染色体数减半的配子,维持了有性生殖亲子代遗传物质的稳定性,也增加了遗传的多样性! 你认为这句话矛盾吗? 请判断并说明理由!

2. 唐氏综合征又称 21-三体综合征,其体细胞内 21 号染色体有 3 条。对某唐氏综合征患者进行染色体分析,发现其体细胞内有 2 条 21 号染色体来自其父亲。请分析,可能是在哪个过程中染色体行为异常,最终导致了该唐氏综合征个体的出现?

—— 课后检测 ——

一、图像判断

1. 图 2-2-4 中的细胞分别是什么时期?

(1)　　　　(2)　　　　(3)　　　　(4)

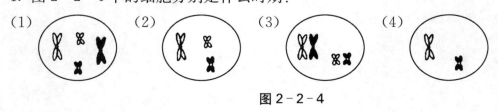

图 2-2-4

(1) (　　) (2) (　　) (3) (　　) (4) (　　)

A. 有丝分裂前期　　　　B. 减数第一次分裂前期　　　　C. 减数第二次分裂前期

2. 图 2－2－5 中的细胞分别是什么时期?

(1) (2) (3) (4)

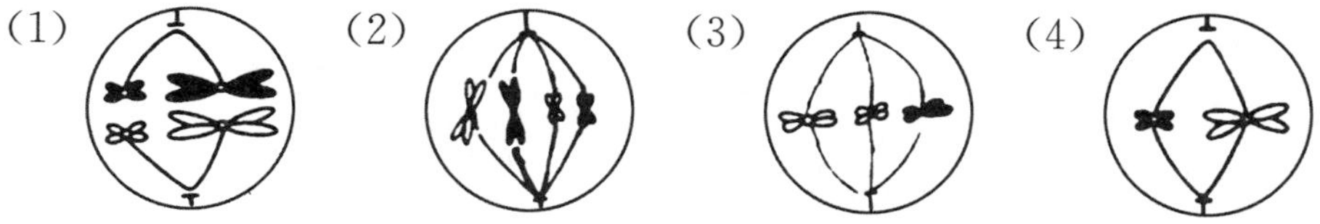

图 2－2－5

(1) (　　) (2) (　　) (3) (　　) (4) (　　)

A. 有丝分裂中期　　　　B. 减数第一次分裂中期　　　　C. 减数第二次分裂中期

3. 图 2－2－6 中的细胞分别是什么时期?

(1) (2) (3) (4)

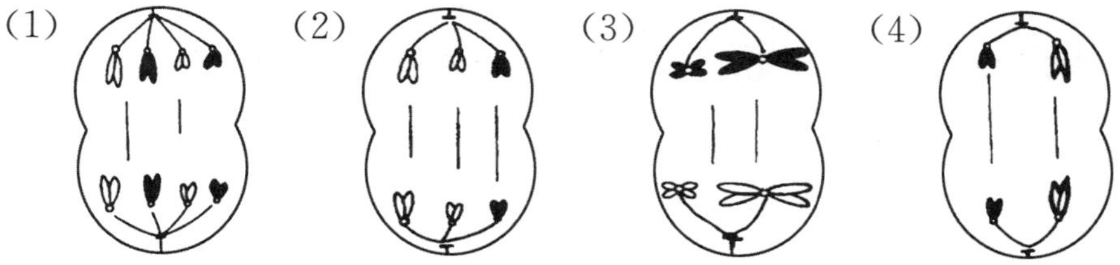

图 2－2－6

(1) (　　) (2) (　　) (3) (　　) (4) (　　)

A. 有丝分裂后期　　　　B. 减数第一次分裂后期　　　　C. 减数第二次分裂后期

4. 图 2－2－7 中的细胞分别是什么时期?

(1) (2) (3) (4)

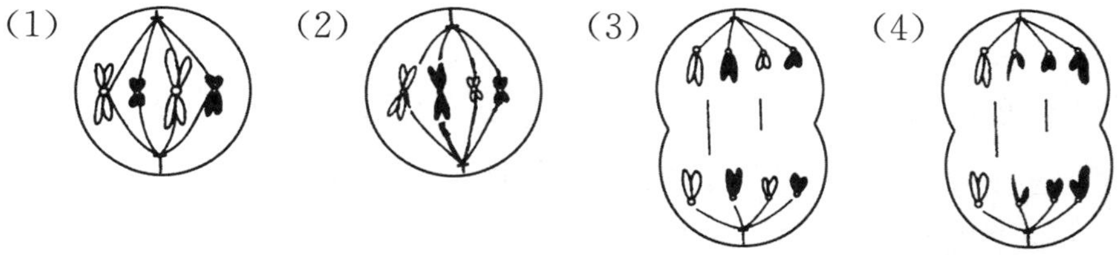

图 2－2－7

(1) (　　) (2) (　　) (3) (　　) (4) (　　)

A. 有丝分裂中期　　　　B. 减数第二次分裂中期　　　　C. 有丝分裂后期

D. 减数第一次分裂后期　　E. 减数第二次分裂后期

5. 图 2－2－8 中的细胞分别是什么时期?

(1) (2) (3) (4)

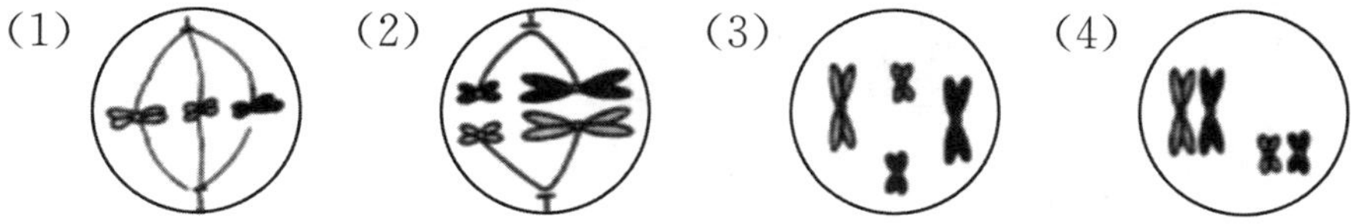

图 2－2－8

(1) (　　) (2) (　　) (3) (　　) (4) (　　)

A. 有丝分裂中期　　　　B. 减数第一次分裂中期　　　　C. 减数第二次分裂中期

D. 有丝分裂前期　　　　　　E. 减数第一次分裂前期　　　　　F. 减数第二次分裂前期

二、绘图

1. 阅读课本 P35 内容及图 2-4,尝试画出图 2-2-9 中精原细胞形成精子的过程。

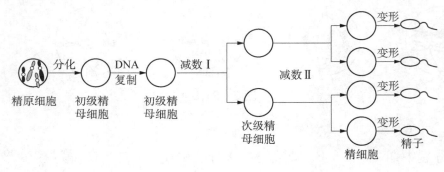

图 2-2-9

2. 思考:你和你周围同学所画出的精子有何差异?这个差异是如何形成的?

三、减数分裂

(一)减数分裂在生物的有性生殖中是一个重要的生物学过程,科学家在揭开该过程奥秘的探究中做了大量开创性的工作。请根据下列资料回答有关问题:

1. 比利时的细胞学家比耐登做了一项重要的观察,他发现马蛔虫的受精卵中,染色体的数目为4,卵子与精子中的染色体数都为2,出现该结果的原因是:_____。

2. 通常情况下,同源染色体是一对大小相等形状一致的染色体,在显微镜下难以区分。已知雌蝗虫有一对同源染色体大小不等,雄蝗虫的性染色体只有一条。减数分裂时,这条性染色体只能待在一极。科学家们统计了 300 多个后期的细胞,发现这条性染色体与那对大小相异的同源染色体的组合的比例接近_____,这说明同源染色体是随机移向细胞两极的。

(二)环磷酸腺苷(cAMP)是一种细胞内的信号分子。研究表明 cAMP 对哺乳动物初级卵母细胞完成减数分裂 I 有抑制作用,大致机理如图 2-2-10 所示。

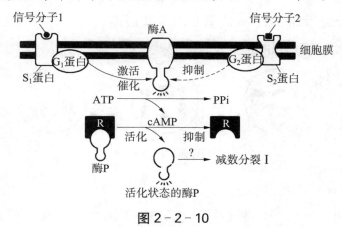

图 2-2-10

3. 人的初级卵母细胞在减数分裂Ⅰ前期应含有_____对同源染色体,经减数分裂Ⅰ形成的子细胞为_____。cAMP 抑制哺乳动物减数分裂Ⅰ的原理是:_____。

4. 在胚胎时期,女性体内的卵原细胞就已发育成为初级卵母细胞,但初级卵母细胞分裂停滞,该过程需要_____(填"信号分子 1"或"信号分子 2")的调控。进入青春期后女性的初级卵母细胞解除分裂抑制的原理是:_____
_____。

四、卵细胞

(一)老鼠有 20 对染色体,雌鼠的一个卵原细胞经减数分裂可形成 1 个卵细胞和 3 个第二极体,图 2-2-11 表示雌鼠减数分裂过程中一些染色体行为(均处于赤道面位置上)。请回答雌鼠卵细胞形成过程中的相关问题:

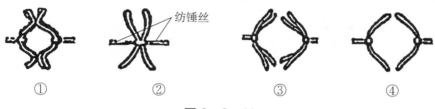

图 2-2-11

1. 请对图中各过程按发生先后进行排序_____,过程③发生了_____分离。

2. 如果一个雌性动物的基因型是 BbCc,减数第一次分裂时同源染色体没有分离,减数第二次分裂正常,最终形成的一个第二极体的基因型是 BbC,那么卵细胞的基因型是_____。

(二)中科院动物研究所研究团队发现 CyclinB3(细胞周期蛋白)在雌鼠卵细胞形成过程中发挥了独特作用,当 CyclinB3 缺失时雌鼠不能产生后代。研究者对 CyclinB3 缺失雌鼠和正常雌鼠卵细胞的形成过程对比观察并绘制了图 2-2-12。

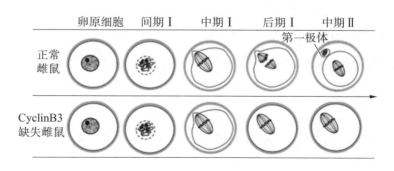

图 2-2-12

3. 由上图分析可知,CyclinB3 缺失的卵母细胞能形成正常的纺锤体,但_____

未分离,说明 CyclinB3 缺失导致卵母细胞的染色体形态维持在＿＿＿＿＿＿＿＿＿＿＿
＿＿＿＿＿＿＿时期的样子。有意思的是,CyclinB3 缺失的卵母细胞仍能正常受精,并在受精
后排出极体并发育为早期囊胚。基因组分析发现 CyclinB3 缺失的卵母细胞在受精后启动了
＿＿＿＿＿＿＿＿＿＿分裂,发生了跟有丝分裂相似的姐妹染色单体分离;但所有受精胚胎染色
体数都是 60 条,并在着床后致死。

——— 课后反思 ———

1. 请自主梳理本节课的知识结构。(如用思维导图或概念图的方式)

2. 还存在哪些知识疑惑或还需要解决的问题有哪些?(结合重难点和易错点)

第 3 课　　亲代基因传递给子代遵循特定规律(上)

内容出处

普通高中教科书必修 2 第 2 章第 2 节。

课标要求

1. 内容要求:阐明有性生殖中基因的分离和自由组合使得子代的基因型和表型有多种
可能,并可由此预测子代的遗传性状。

2. 学业要求:(1)运用细胞减数分裂的模型,阐明遗传信息在有性生殖中的传递规律。
(2)运用统计和概率的相关知识,解释并预测种群内某一遗传性状的分布和变化。

学习目标

1. 阐明在有性生殖过程中,亲代基因传递给子代时遵循的分离定律,以及对子代性状造
成的影响。

2. 运用分离定律预测子代的遗传性状,解决生活和生产中的相关问题。

评价任务

表 2 - 3 - 1

评价内容	等第（在对应的等第内打√）			
	优秀	良好	合格	不合格
1. 结合遗传实验现象，说出"性状""表型""相对性状""显性性状""隐性性状""性状分离"等概念				
2. 尝试提出自己的假设，并阐述孟德尔提出的假设				
3. 根据孟德尔一对相对性状遗传的假设，对豌豆杂交实验做出科学的解释，学会遗传图解的书写方法				
4. 设计一个新的实验对豌豆杂交实验假设进行验证				
5. 基于实验验证，总结基因分离定律				
6. 课后检测、课后反思的完成情况				

学习过程

—— 学 习 建 议 ——

1. 本学习内容的地位和作用

本节课内容关联性比较强，以孟德尔的实验为引导，逐步揭示孟德尔遗传规律的发现过程。课本展现了孟德尔整个探究过程的步骤与思维，即观察现象→发现问题→作出假设→设计实验→实施实验→记录、分析数据→得出初步结论→验证结论。教师在教学中可以沿着这条路径，引发学生对自然界或农业育种中遗传现象的探讨，提出自己的问题或假设。

2. 学习路径

如图 2 - 3 - 1。

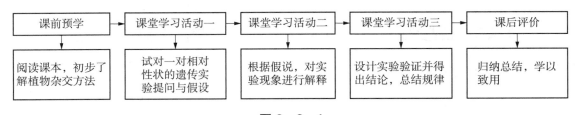

图 2 - 3 - 1

3. 学习重点和难点

本节课的重点是对分离定律内容的理解，难点在于科学探究的方法的实际应用，以及对于杂交后代表现型和基因型的预测。学生在学习中可采用以下方法突破重难点：熟练运用科学探究的方法解决生活中的问题，同时掌握"棋盘格法"，能运用分离定律预测杂交后代基因型表型的概率。

4. 评价标准

完成课前预习,能认识植物杂交方法并对杂交结果进行预测。

完成课堂学习活动一,认识孟德尔的豌豆经典遗传实验过程,并能对一对相对性状的遗传实验提出问题与作出假设,辨析"显性性状"等概念。

完成课堂学习活动二,能根据假说对一对相对性状的遗传实验现象进行图解并解释。

完成课堂学习活动三,能对豌豆杂交实验假设进行测交实验验证,会书写遗传图解,认识基因分离定律的实质。

——课前预学——

(时间:8 min)

任务:阅读课本 P38 内容并了解"植物杂交方法"。植物杂交方法是通过人为控制,用某一植株的花粉对另一植株的雌蕊进行授粉,以获得子代的研究方法。所用植株统称为亲本,其中提供花粉的植株称为父本(♂),提供雌蕊的植株称为母本(♀)。为了防止其他花粉的干扰,对于雌雄同花的物种,必须在母本发生自花授粉前去除花中的雄蕊(人工去雄),且授粉前后都要将花套上纸袋。杂交后,通常收获同一株母本植株上的种子,种成一行(株系),代表一对杂交亲本得到的全部子代,作为遗传分析的材料。

1. 在杂交过程中,为什么要防止其他花粉的干扰? 实验中是如何做到的?

2. 请归纳植物杂交方法的一般步骤。在遗传学研究和农业生产实践中,植物杂交方法有哪些用途?

3. 用红花豌豆与白花豌豆杂交,子代全都开红花,请预测子代间相互杂交后得到的豌豆花的颜色。

——课堂学习——

活动一:阅读课本 P39 内容(达成学习目标 1,对应评价任务 1、2)

1. 观察实验现象,尝试提出问题。如:为什么子一代都是高茎而没有矮茎?

你提出的问题:_____?

2. 结合实验现象,写出下列性状。

显性性状:＿＿＿＿＿＿＿＿＿＿＿＿＿＿。

隐性性状:＿＿＿＿＿＿＿＿＿＿＿＿＿＿。

相对性状:＿＿＿＿＿＿＿＿＿＿＿＿＿＿。

3. 分析问题,提出假说。

你提出的假设:＿＿＿＿＿＿＿＿＿＿＿＿＿＿＿＿＿＿＿＿＿＿。

孟德尔提出的假设:＿＿＿＿＿＿＿＿＿＿＿＿＿＿＿＿＿＿＿＿。

(1) 生物的＿＿＿＿是由基因决定的,这些基因是独立的,既不会相互融合,也不会在传递中消失。

(2) 每一对相对性状受一对基因控制,这对基因属于＿＿＿＿基因,其中一个为显性,一个为隐性。当显性基因与隐性基因共存于一个植株时,表现出＿＿＿＿性状。

(3) 体细胞中的一对等位基因,一个来自父方,一个来自母方;在形成配子的过程中,彼此＿＿＿＿,每个配子只能得到其中的一个。

课堂检测

下列性状中属于相对性状的是　　　　　　　　　　　　　　　　　　　　(　　)

A. 乔丹的身高和体重　　　　　　　　　B. 豌豆的圆粒和黄色

C. 兔子的长毛和黑毛　　　　　　　　　D. 水稻的高秆和矮秆

活动二:根据假说,对实验现象进行解释(达成学习目标 1,对应评价任务 3)

1. 对实验现象进行解释(如用大写字母 T 来表示显性基因,如用小写字母 t 来表示隐性基因)。

亲本的基因型、表型:＿＿＿＿＿＿＿＿＿＿。

亲本产生的配子基因型:＿＿＿＿＿＿＿＿＿＿。

子一代的基因型、表型:＿＿＿＿＿＿＿＿＿＿。

子一代产生的配子基因型:＿＿＿＿＿＿＿＿＿＿。

子二代的基因型、表型及比例:＿＿＿＿＿＿＿＿＿＿。

2. 阐述子二代性状分离比为 3∶1 的原因。

3. 梳理概念:

显性基因:控制＿＿＿＿＿＿＿＿的基因。

隐性基因:控制＿＿＿＿＿＿＿＿的基因。

纯合子:由＿＿＿＿结合发育来的个体,如 DD、YYrr。

杂合子:由＿＿＿＿结合发育来的个体,如 Dd、Yyrr。

等位基因:同源染色体的相同位置上,控制着＿＿＿＿＿＿＿＿的基因。

课堂检测

1. 如果孟德尔当时只统计10株豌豆杂交的结果,则高茎与矮茎的数量比一定为3:1吗?

2. 基因型为Dd的豌豆自交,后代的基因型比例是   （   ）

A. 1:1:1   B. 4:4:1   C. 2:3:1   D. 1:2:1

活动三:验证假说,得出结论（达成学习目标1、2,对应评价任务4、5）

1. 实验验证:

(1) 方法:_____。

(2) 原理:_____。

隐性纯合子只产生一种含_____的配子,所以不会掩盖F₁配子中基因的表达。

(3) 验证实验过程图解:

子一代和隐性亲本的基因型:_____。

子一代和隐性亲本产生的配子:_____。

后代的基因型、表现型及比例:_____。

(4) 结论:测交后代的性状及比例取决于_____产生配子的种类及比例。

2. 课堂总结:

分离定律实质:在_____的细胞中,位于一对同源染色体上的等位基因,具有一定的独立性;在减数分裂形成配子的过程中,_____,分别进入两个配子中,独立的随配子遗传给后代。

------ 课 后 检 测 ------

一、植物杂交实验

如图2-3-2,用纯种高茎豌豆和纯种矮茎豌豆作亲本进行杂交实验,F₁全为高茎,让F₁自交获得F₂,共有604株。请回答下列问题:

1. F₂中纯合子大约_____株。

2. F₂中杂合子大约_____株;F₂高茎植株中,纯合子大约_____株。

3. F₂中矮茎植株全部为纯合子吗?_____（填"是"或"否"）。

4. 从F₂中取一高茎豌豆,请设计一个实验探究其遗传因子组成（用D和d表示该对遗传因子）。

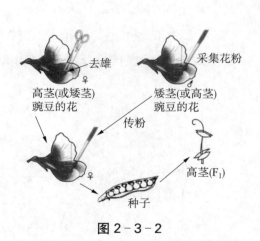

图2-3-2

（1）实验步骤：①该高茎植株的幼苗生长至开花时，让该植株进行_____，获得种子；②将获得的所有种子种植得到子代植株，观察子代植株的性状表现。

（2）结果与结论：①若后代全部表现为高茎，则该植株的遗传因子组成为_____；②若后代植株中_____，则该植株的遗传因子组成为_____。

5. 表 2-3-2 中列出了亲代豌豆杂交组合，请推测子代基因型、表现型及比例。

表 2-3-2

亲代组合	子代基因型及比例	子代表现型及比例
DD×DD	DD	全高茎
DD×Dd		
DD×dd		
Dd×Dd		
Dd×dd		
dd×dd		

6. 根据孟德尔遗传实验的图 2-3-2 回答下列问题：

（1）去雄时选择未成熟的豌豆花的原因是什么？

（2）豌豆人工异花传粉过程中经过了两次套袋，分别在什么时间？目的分别是什么？

（3）对单性花植物进行人工异花传粉的基本操作过程中，是否需要去雄处理？为什么？

二、分离定律

南瓜果实的颜色由一对等位基因 E/e 控制，如图 2-3-3 为南瓜果实颜色的遗传图谱。回答下列问题：

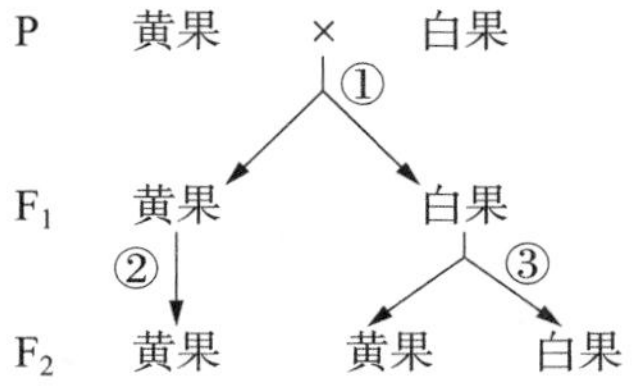

1. 南瓜果实的颜色中_____为显性性状，判断的依据是_____。

2. F_1 白果南瓜的基因型为_____。F_2 中白果南瓜自交，子代的表型及其比例是_____。

3. 图中①～③杂交（或自交）过程中能够证明 E/e 基因的遗传遵循分离定律的是_____（填序号）。分离定律的实质是杂合子在减数分裂形成配子的过程中，_____。

P　黄果　×　白果
　　　　①
F_1　黄果　　白果
　　②　　　③
F_2　黄果　黄果　白果

图 2-3-3

三、相对性状

在某种小鼠中,毛色的黑色为显性(E),白色为隐性(e)。图2-3-4所示两项交配,亲代小鼠A、B、P、Q均为纯合子,子代小鼠在不同环境下成长,其毛色如下图所示。请据图分析回答:

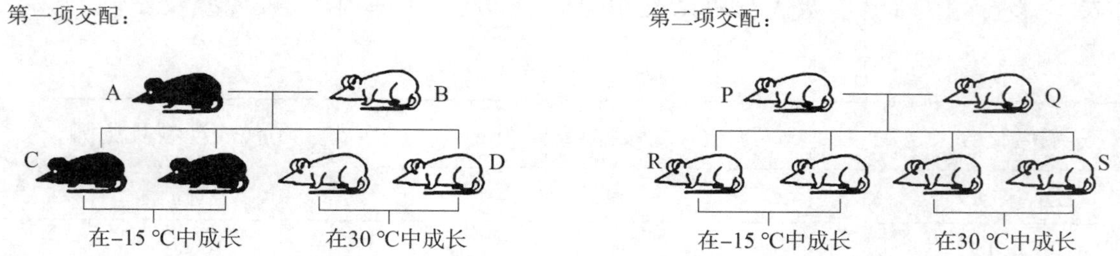

第一项交配:

在-15℃中成长   在30℃中成长

第二项交配:

在-15℃中成长   在30℃中成长

图2-3-4

1. 小鼠C与小鼠D的表型不同,说明表型是_____共同作用的结果。

2. 现将小鼠C与小鼠R交配:①若子代在-15℃的环境中成长,其表型及比例最可能是_____;②若子代在30℃的环境中成长,其表型最可能是_____。

A. 黑色:白色=1:1
B. 黑色:白色=3:1
C. 全为白色
D. 全为黑色

3. 现有一些基因型都相同的白色小鼠(雌雄均有),但不知是基因控制的,还是温度影响的结果。请设计实验确定它们的基因型,简要写出你的实验设计思路、可能出现的结果及相应的基因型。

(1) 设计思路:_____。

(2) 可能出现的结果及相应的基因型:

① 若子代小鼠都是_____色,则亲代白色小鼠的基因型为_____;

② 若子代小鼠_____,则亲代白色小鼠的基因型为_____。

—— 课后反思 ——

1. 请自主梳理本节课的知识结构。(如用思维导图或概念图的方式)

2. 请将下列名称用概念图关联。

(性状、表型、相对性状、显性性状、隐性性状、性状分离、等位基因、基因型、纯合子、杂合子)

3. 你还存在哪些知识疑惑或还需要解决的问题有哪些?

第 4 课　　亲代基因传递给子代遵循特定规律(下)

内容出处

普通高中教科书必修 2 第 2 章第 2 节。

课标要求

1. 内容要求:阐明有性生殖中基因的分离和自由组合使得子代的基因型和表型有多种可能,并由此预测子代的性状。

2. 学业要求:(1)运用细胞减数分裂的模型,阐明遗传信息在有性生殖中的传递规律。(2)运用统计和概率的相关知识,解释并预测种群内某一遗传性状的分布和变化。

学习目标

1. 通过分析孟德尔两对相对性状的豌豆杂交实验,阐明在有性生殖过程中亲代基因传递给子代时遵循的自由组合定律,以及对子代性状造成的影响。

2. 运用分离定律和自由组合定律预测子代的遗传性状,解决生活和生产中的相关问题,提升对复杂问题进行分解的科学思维。

3. 学会对复杂问题进行分解的科学思维方法。

评价任务

表 2 - 4 - 1

评 价 内 容	等第(在对应的等第内打√)			
	优秀	良好	合格	不合格
1. 能描述孟德尔的两对相对性状的杂交实验,并用分离定律对实验结果初步分析				
2. 观察孟德尔的两对相对性状的杂交实验现象,提出问题				
3. 理解孟德尔对于两对相对性状遗传的假设,并根据假设对豌豆杂交实验作出科学的解释				

（续表）

评 价 内 容	等第（在对应的等第内打√）			
	优秀	良好	合格	不合格
4. 基于对分离定律的学习，尝试根据现有的豌豆类型，设计一个新的实验对豌豆杂交实验假设进行验证，总结基因的自由组合定律				
5. 课后检测、课后反思的完成情况				

学习过程

— 学 习 建 议 —

1. 本学习内容的地位和作用

本节课的内容思维逻辑比较强，以孟德尔两对相对性状的豌豆杂交实验为引导，继续沿用观察现象→发现问题→作出假设→设计实验和实施实验→得出结论这一科学发现过程的顺序来自主构建框架体系。学生通过积极参与思考问题，学会自己提出假设，并与他人表达分享，层层深入地去展开讨论，逐步阐明孟德尔遗传规律以及对子代性状造成的影响，锻炼并提高自己的科学思维。

2. 学习路径

如图 2 - 4 - 1。

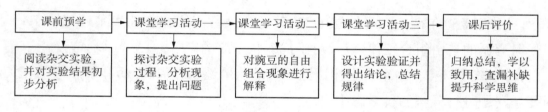

图 2 - 4 - 1

3. 学习重点和难点

本节课的重难点在于科学探究方法的具体实际情境的应用，自由组合定律本质的理解，以及对于杂交后代表型以及基因型的预测。学生在学习过程中可采用以下方法突破重难点：做好课前预习，在课堂中重温孟德尔整个探究过程的步骤与思维，即观察现象→发现问题→作出假设→设计实验和实施实验→得出结论。小组讨论假设的提出，根据假设对豌豆杂交实验作出科学的解释。学生可以通过学历案中的任务和课后检测来了解自己对本节课的学习情况。

4. 评价标准

完成课堂学习活动一，学习孟德尔的两对相对性状的杂交实验以及实验结果分析。

完成学习课堂活动二，学习孟德尔对于两对相对性状遗传的假设，并根据假设对豌豆杂交实验做出科学的解释。

　　完成学习课堂活动三,基于对分离定律的学习,尝试根据现有的豌豆类型,设计一个新的实验对豌豆杂交实验假设进行验证,总结基因自由组合定律。

（时间:5 min）

　　任务:阅读课本 P45 的"科学史话"并查阅资料,了解孟德尔实验成功的原因并进行总结。

　　活动一:观察两对相对性状的杂交实验现象,提出问题(达成学习目标 1,对应评价任务 1)

　　阅读课本 P43 关于两对相对性状遗传实验:用纯种黄色圆粒豌豆与纯种绿色皱粒豌豆作亲本(P)进行杂交时,杂交得到的种子(F_1)都表现为黄色圆粒。而 F_1 自交得到的 F_2 中出现了 4 种表型:黄色圆粒 315 粒、黄色皱粒 101 粒、绿色圆粒 108 粒以及绿色皱粒 32 粒,其比例接近 9:3:3:1。其中,黄色皱粒和绿色圆粒是两个新的表型组合,黄色圆粒和绿色皱粒是与亲本相同的表型组合。结合课本 P43 的图 2-12 分析两对相对性状的杂交实验,回答以下问题。

　　1. 写出两对相对性状以及两对性状单独分析时,F_2 分离比。

　　2. 写出每对相对性状的显隐性,写出 F_2 中新的重组性状。

　　3. 根据实验现象,请提出问题。

　　活动二:作出假说,尝试解释(达成学习目标 2,对应评价任务 2)

　　为了解释上述结果,孟德尔增加了新的假设:在形成配子时,控制不同性状(如子叶颜色与种子形状)的基因互不干扰,独立分离和随机组合,形成各种配子,且各种配子结合的机会均等。根据这些假设,对上述杂交实验的解释如下:

　　1. 豌豆的子叶颜色黄色和绿色分别由基因_____控制,种子形状圆粒和皱粒分别由基因_____控制。

2. 在产生配子时,每对遗传因子_____,不同对的遗传因子可以_____。

3. 结合上面的孟德尔假说的内容,合作完成遗传图解。(如图 2-4-2,写到 F₁ 产生配子即可)

4. 小组合作完成下面活动,活动说明:每人选用一对方形红色小磁贴和一对圆形蓝色小磁贴,请在其中一对上面分别标上 Y、y,代表一对遗传因子;另一对分别标上 R、r,代表另一对遗传因子。请模拟同一对遗传因子发生分离,不同对的遗传因子自由组合,看看会得到什么类型的配子及比例。

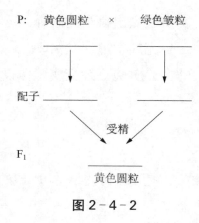

图 2-4-2

5. 请完成表 2-4-2 的填写,并进行相关的统计分析。

表 2-4-2

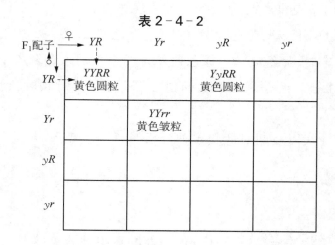

(1) 雌雄配子有_____种结合方式,F₂ 中基因的组合形式有_____种。性状表现类型有_____种,分别是_____。

(2) 在上表中找出每一种性状组合类型对应的基因型,用线段连起来,并在下面的横线上归纳写出每种性状组合及其对应的基因型。

_____

_____

活动三:对自由组合现象的演绎推理、验证并总结规律(达成学习目标 3,对应评价任务 3)

1. 通过对自由组合定律的学习,请思考该用什么方法验证假设?所选用亲本是什么?

2. 若解释正确,则 F_1 应产生 YR、Yr、yR 和 yr 四种配子,比例为 $1:1:1:1$;隐性纯合子产生一种配子 yr。由此推测测交后代的表型、基因型组成有几种,它们的比例是多少?

3. 在图 2-4-3 中将该实验过程用遗传图解表示出来。

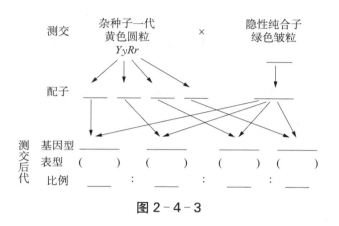

图 2-4-3

4. 实际结果黄色圆粒 55 粒、黄色皱粒 49 粒、绿色圆粒 51 粒以及绿色皱粒 52 粒,与预期结果是否相符,这说明什么?_____

_____。

5. 尝试总结自由组合定律:_____

_____。

6. 基于细胞学基础,请在图 2-4-4 中绘制减数分裂关键时期的图像,在染色体上相应位置标出基因,进而用细胞图解释和归纳孟德尔自由组合定律。

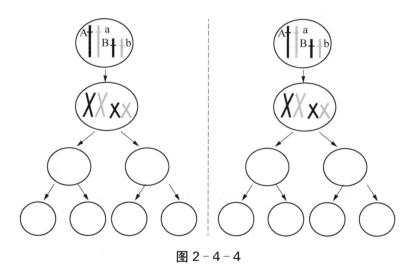

图 2-4-4

课后检测

一、孟德尔豌豆杂交实验

将黄色圆粒豌豆与绿色皱粒豌豆杂交得 F_1，F_1 均为黄色圆粒豌豆。再将 F_1 黄色圆粒豌豆自交，发现 F_2 中出现了黄色圆粒、黄色皱粒、绿色圆粒、绿色皱粒四种表型，且比例为 9：3：3：1。

1. 可以看出上述两对相对性状中属于显性性状的分别是_____。

2. 孟德尔认为上述这两对相对性状的遗传均符合分离定律，请代孟德尔说说得出此结论的理由：_____。

3. 正常情况下，基因型为 $YyRr$ 的豌豆植株不能产生的配子是　　　　　　（　　　）

A. YY B. YR C. Yr D. yR

4. 有同学认为将测交实验 F_2 中黄色皱粒豌豆与绿色圆粒豌豆杂交，后代也能呈现 1：1：1：1 的表型之比，因此也能验证孟德尔的假说，你认为这位同学的观点正确吗？试说明理由：_____。

5. 科技小组在进行遗传实验过程中，用黄色圆粒豌豆和绿色圆粒豌豆进行杂交，F_1 出现四种性状表现类型，对每对性状作出统计，结果如图 2-4-5 所示。请回答问题：（种子的子叶黄色和绿色分别由遗传因子 Y 和 y 控制，性状圆粒和皱粒分别由遗传因子 R 和 r 控制）

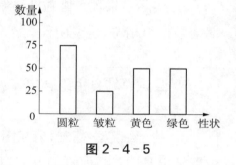

图 2-4-5

（1）黄色圆粒亲本的基因组成为_____，绿色圆粒亲本的基因组成为_____。

（2）后代中属于双隐性性状的是_____，它是_____（填"纯合子"或"杂合子"）。

（3）杂交后代中，性状圆粒与皱粒的比是_____。杂交后代中黄色皱粒所占的比例是_____。

（4）在 F_1 中表现型不同于亲本的是_____、_____，它们之间的数量比为_____。

二、"勤娘子"的风采

牵牛花是一年生缠绕草本植物，俗名"勤娘子"，每当公鸡刚啼过头遍，绕篱紫架的牵牛花枝头就开放出一朵朵喇叭似的花来。牵牛花品种很多，花的颜色有蓝、绯红、桃红、紫等。牵牛花的颜色主要是由花青素决定的，在植物细胞液泡不同的 pH 值条件下，花青素使花瓣呈现五彩缤纷的颜色。如图 2-4-6 为花青素的合成与颜色变化途径示意图。

1. 请判断下列说法是否正确：

（1）花的颜色由多对基因共同控制。（　　　）

（2）若基因①不表达，则基因②和基因③不表达。（　　　）

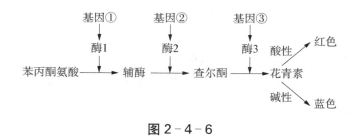

图 2-4-6

（3）生物性状由基因决定，也受环境影响，如外界环境中的酸碱性。（　　　）

2. 牵牛花的红花和白花是一对相对性状，阔叶和窄叶是一对相对性状，分别由 A、a 和 B、b 基因控制，这两对等位基因位于两对同源染色体上。现有三种不同基因型的牵牛花进行杂交，实验结果如下：

甲组：红花阔叶①×白花阔叶②　　　　乙组：红花阔叶③×白花阔叶②

↓　　　　　　　　　　　　　　↓

红花阔叶：红花窄叶＝3：1　　　　红花阔叶：红花窄叶：白花阔叶：白花窄叶＝3：1：3：1

（1）这两对相对性状中，显性性状分别是_____。

（2）红花阔叶①、白花阔叶②和红花阔叶③的基因型分别是_____。

（3）若让红花阔叶③自交，其中红花阔叶基因型有_____种，纯合子占_____。

（4）现有一株白花阔叶牵牛花，请设计最简便的方法探究其是纯合子还是杂合子，要求写出操作方法及结果和结论。

3. 牵牛花的叶子有普通叶和枫形叶两种，种子有黑色和白色两种。现用纯种的普通叶白色种子和纯种的枫形叶黑色种子作为亲本进行杂交，得到的 F_1 为普通叶黑色种子，F_1 自交得 F_2，结果符合基因的自由组合定律。

（1）两对相对性状中显性性状分别是_____，F_2 中普通叶与枫形叶之比为_____。

（2）F_2 中与亲本表现型相同的个体大约占_____。

（3）F_2 中普通叶白色种子个体的基因型有_____种；普通叶白色种子中，杂合子占_____。

三、玉米杂交实验

玉米通常是雌雄同株异花植物（顶端长雄花序，叶腋长雌花序），但也有的是雌雄异株植物。玉米的性别受两对独立遗传的等位基因控制，雌花花序由显性基因 B 控制，雄花花序由显性基因 A 控制，基因型 $bbaa$ 个体为雌株。现有甲（雌雄同株）、乙（雌株）、丙（雌株）、丁（雄株）4 种纯合体玉米植株。请回答下列问题：

1. 若以甲为母本、丁为父本进行杂交育种，需进行人工传粉，具体做法是：_____
_____。

2. 乙和丁杂交，F$_1$ 全部表现为雌雄同株；F$_1$ 自交，F$_2$ 中雌株所占比例为_____，F$_2$ 中雄株的基因型是_____；在 F$_2$ 的雌株中，与丙基因型不相同的植株所占比例是_____。

3. 已知控制这两对性状的基因的遗传符合自由组合定律。请在图 2-4-7 中选出能正确表现基因和染色体的关系的示意图 （　　）

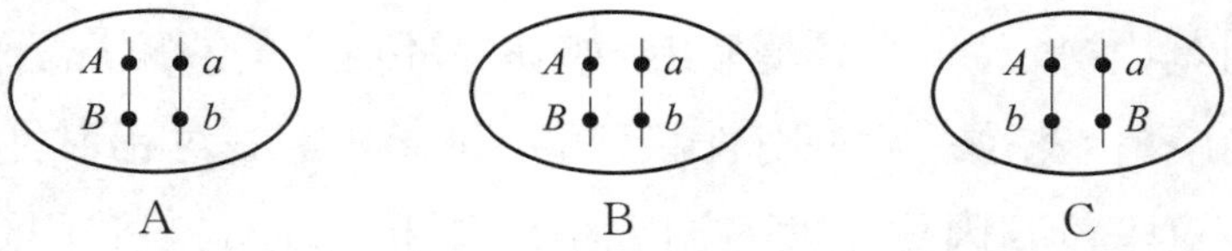

图 2-4-7

4. 已知玉米籽粒的糯和非糯是由 1 对等位基因控制的相对性状。为了确定这对相对性状的显隐性，某研究人员将糯玉米纯合子与非糯玉米纯合子（两种玉米均为雌雄同株）间行种植进行实验，果穗成熟后依据果穗上籽粒的性状，可判断糯与非糯的显隐性。若糯是显性，则实验结果是_____；若非糯是显性，则实验结果是_____。（填序号）

① 糯性植株上全为糯性籽粒

② 非糯性植株上只有非糯籽粒

③ 非糯植株上既有糯性籽粒又有非糯籽粒

④ 糯性植株上既有糯性籽粒又有非糯籽粒

—— 课后反思 ——

1. 请自主梳理本节课的知识结构。（如用思维导图或概念图的方式）

2. 还存在哪些知识疑惑或还需要解决的问题有哪些？（结合重难点和易错点）

第 5 课　探究·建模 2-2　模拟植物花色性状分离

▶ 内容出处

普通高中教材必修 2 第 2 章第 2 节。

课标要求

1. 内容要求:阐明有性生殖中基因的分离和自由组合使得子代的基因型和表现型有多种可能,并可由此预测子代的遗传性状。

2. 学业要求:运用不同的建模方式,模拟植物花色性状分离、植物两对相对性状的自由组合,理解基因分离、基因自由组合、配子随机结合等事件,并运用统计与概率的相关知识,解释这些事件与遗传信息的传递及子代性状之间的关系。

学习目标

1. 学会运用自由组合定律解释动植物子代中的遗传现象,解决植物育种和医学实践等实际生活和生产中的相关问题,培养社会责任意识。

2. 通过计算机模拟实验,理解基因分离、配子随机结合等事件,概述这些事件与遗传信息的传递及子代性状之间的关系。

3. 通过实物模拟实验,理解非等位基因的自由组合、产生新的表型组合等事件,概述这些事件与遗传信息的传递及子代性状之间的关系。

评价任务

表 2 - 5 - 1

评 价 内 容	等第(在对应的等第内打√)			
	优秀	良好	合格	不合格
1. 通过预学建模过程,说出模拟植物花色性状分离的原理				
2. 学会应用自由组合定律,解决农业、人类遗传病等生活中的遗传学问题				
3. 能运用计算机程序进行探究建模,模拟植物花色性状分离				
4. 利用实物抓小球模拟植物两对相对性状的自由组合,通过展示模型实验,说出模型所蕴含的遗传规律				
5. 课后检测、课后反思的完成情况				

学习过程

 学习建议

1. 本学习内容的地位和作用

本节课是第 2 章第 2 节内容,包括自由组合的应用和探究·建模 2－2"模拟植物花色性状分离"。这节课首先运用自由组合定律解释身边遗传的现象,解决其在植物育种和医学实践等实际生活和生产中的相关问题;然后以植物花色红花与白花一对相对性状为例,运用计

算机程序对孟德尔的假说"产生配子时,等位基因分离,进入不同的配子中和受精时,雌雄配子随机结合的过程"进行模拟,进一步理解有性生殖中基因分离、配子形成、配子随机结合等事件与遗传信息传递及子代性状的关系。在此基础上设计实施植物的红花与白花、高茎与矮茎两对相对性状非等位基因自由组合的实物模拟,阐明有性生殖中基因的自由组合并感受生物学的奥秘。

2. 学习路径

如图 2-5-1。

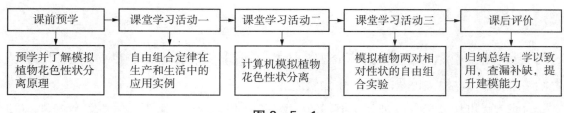

图 2-5-1

3. 学习重点和难点

本节课的重难点是自由组合定律的实际应用,杂交后代表型以及基因型的预测;运用计算机模拟和实物小球模拟,感悟有性生殖中基因分离、配子形成、配子随机结合、非等位基因的自由组合、产生新的表型组合等,进一步阐明遗传信息传递及子代性状的关系。学生在学习中可采用以下方法突破重难点:做好课前预学,在课堂中通过小组合作按照实验步骤完成模拟实验,通过具体的真实情境中的遗传问题来阐明有性生殖中基因的自由组合规律。学生可以通过实验操作、课后检测评价本节课的学习情况。

4. 评价标准

完成课堂学习活动一:能应用自由组合定律解释生活和生产中的遗传现象,解决其在植物育种和医学实践等实际生活和生产中的相关问题。

完成课堂学习活动二:阅读实验活动手册,能运用计算机程序完成模拟植物花色性状分离,以及对实验结果进行分析。

完成课堂学习活动三:利用所提供的有色小球、标号等材料,设计实验完成模拟植物两对相对性状实验,并对实验结果正确分析。

(时间:8 min)

任务:阅读课本 P42 和实验与活动手册 P12 的内容,了解建模的过程。

1. 确定亲本组合:设计 1~2 组亲本组合,写出表型以及相应的基因型。

2. 设计实验重复的次数:需要完成两种模式的模拟:建议"手动生成"模式下模拟 10~20 次,"自动生成"模式下模拟 3 次,分别设定子代总数为 100、1 000 和 10 000。

3. 设计结果记录表:分别设计表格,记录亲本基因型、产生配子的基因型,子代基因型、表型的预期值和实测值、比例等。

4. 建模、记录、展示和评价：用计算机程序模拟相关过程,记录结果,汇总分析,并进行展示和评价。

思考以下问题:

1. 这个模拟实验对孟德尔假说的哪些内容进行模拟? 模拟结果与预期比例一致吗?

2. 除了运用计算机程序进行模拟,也可用抓小球的方式进行实物模拟,请设计实验模拟植物花色性状分离,写出大致的实验思路。

—— 课 堂 学 习 ——

活动一:应用自由组合定律解决生活中的遗传学问题(达成学习目标 1,对应评价任务 2)

资料 1:如图 2-5-2,水稻是一种自花传粉作物,其高秆和矮秆、抗稻瘟病和易感稻瘟病为两对独立遗传的相对性状。高秆容易倒伏,不利于密植而影响产量。正值春耕之际,现有两个纯合品种甲水稻高秆(D)抗稻瘟病(R)与乙矮秆(d)不抗稻瘟病(r)。

1. 若你是一位育种工作者,你将采用什么方法得到能够稳定遗传的优良品种? 尝试用遗传图解写出选育思路。

品种甲:高秆、抗稻瘟病($DDRR$)
品种乙:矮秆、易感稻瘟病($ddrr$)
图 2-5-2

高秆抗稻瘟病　　　　　矮秆不抗稻瘟病
$DDRR$　　　　　　　　　$ddrr$

资料 2:白化病和多指症是人类遗传病。如图 2-5-3,假如你是一位遗传咨询师,一对夫妇前来优生咨询,具体情况是一个患多指症(显性基因控制)且肤色正常的男性与一个表现型正常的女性前来咨询,他们曾生了一个手指正常但患白化病的孩子。

多指症(由显性基因 S 控制)
白化病(由隐性基因 a 控制)
图 2-5-3

2. 国家放开二孩政策后,这对夫妇想要生一个健康的二胎,你将如何解决他们的疑惑?

资料 3:生物的有些性状受到具有相互作用的多个非等位基因共同控制。例如:家蚕的黄茧和白茧这对相对性状由位于两对染色体上的两对等基因(Y/y 和 I/i)控制。Y 基因控制黄茧,yy 基因型表现为白茧;而有 I 存在时,可抑制黄茧基因 Y 的作用而结白茧。表 2-5-2 中列出了部分基因型和相应的表型。结合材料中信息,完成如下的任务:

3. 写出表中①和②的表型。

表 2-5-2

基因型	表型
$IIYY$	白茧
$iiYy$	黄茧
$Iiyy$	①_____
$IiYY$	②_____

4. 基因型分别为 $iiYY$ 和 $IIyy$ 的家蚕进行杂交获得 F_1,预期 F_1 测交后代的基因型,其中表型为黄茧与白茧的预期比例是多少?

5. 基因型分别为 $iiYY$ 和 $IIyy$ 的家蚕进行杂交获得 F_1,F_1 雌雄相互交配获得 F_2,F_2 的表型及预期比例是多少? 是否遵循基因的自由组合定律?

活动二:模拟植物的花色性状分离(达成学习目标 2,对应评价任务 3)
阅读课本 P42 和实验与活动手册 P12 的内容。

1. 打开计算机模拟程序,为了显示子代的性状分离,在亲本基因型选项中选择相应基因型,并在表 2-5-3 中记录母本和父本的基因型、表型。(选择亲本能否都为纯合子)

表 2 - 5 - 3 "手动生成"子代结果记录表

序号	子代基因型	子代表型	序号	子代基因型	子代表型
\multicolumn{6}{} 母本:基因型( ),表型( );父本:基因型( ),表型( )					
1			7		
2			8		
3			9		
4			10		
5			11		
6			……		
统计	(子代基因型种类及其比例)		(子代表型种类及其比例)		

2. 点击"生成配子",在"子代产生的方式"中选择"手动生成"。分别在父本和母本的配子中随机选取,放入"子代"框中(鼠标按住小球并拖动);依次选取 10 次以上,点击"显示子代",模拟配子的随机结合过程,将模拟得到的子代基因型、表型及其比例记录在表 2 - 5 - 3 中。

3. 根据模拟情况,将参与受精的配子相关数据的预期值和实测值填入表 2 - 5 - 4 中。

表 2 - 5 - 4 配子统计表

参与受精的配子	雌配子		雄配子	
	预期值	实测值	预期值	实测值
含显性基因配子数				
含隐性基因配子数				
等位基因分离比（显性:隐性）				

4. 结合模拟过程中观察到的现象,描述雌雄配子的产生和子代个体形成的过程。

5. 重新开始程序,在亲本基因型选项中继续选择原来的基因型,点击"生成配子",选择"子代产生的方式"为"自动生成",设置子代总数为 1 000 进行自动模拟,将"统计结果"表中自动生成的配子以及子代的相关数据填入表 2 - 5 - 5(点击"查看数据"可查看每个子代的基因型)。

表2-5-5 "自动生成"子代结果记录

母本:基因型( ),表型( );父本:基因型( ),表型( )						
产生子代总数	配子基因型及比例		子代基因型及比例		子代表型及比例	
	预期值	实测值	预期值	实测值	预期值	实测值

6. 按同样的方法,再分别设置生成的子代总数为100、10 000进行模拟,并将相关数据的预期值和实测值填入表2-5-5中。

7. 若子代个体数设定为100、1 000、10 000,模拟得到的结果最符合预期表型分离比的是哪组?为什么模拟结果与预期比例有偏差?

活动三:模拟植物两对相对性状的自由组合(达成学习目标3,对应评价任务4)

资料:用抓小球的方式模拟植物花色性状分离。

建模材料:颜色不同但质量和大小都相同的小球若干、小桶若干、记号笔等。

建模过程:①取一种颜色的小球20个,标上红花显性基因(如A);取另一种颜色的小球20个,标上白花隐性基因(如a)。然后随机拿取标注好的两种颜色的小球各10个,放入同一个小桶;将其余的20个小球放入另一个小桶,如图2-5-4。②从一个小桶中随机取出1个小球,再从另一个小桶中随机取出一个小球,记录抓取结果,然后将2个小球合起来作为一个子代个体,记录子代的基因型、表型,最后将小球分别放回原来的小桶中,摇晃均匀。③重复以上抓取过程,至少达到50次,记录数据并汇总计算出比例。

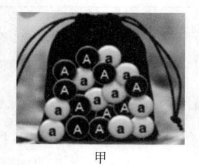 

甲　　　　　　　　　　　　乙

图2-5-4

1. 设计实验:模拟两对相对性状的植物,F_1产生配子的种类及比例。

提示:植物的两对相对性状:花色(红花 A 与白花 a)、株高(高茎 D 与矮茎 d)。

建模材料:颜色不同但质量、大小都相同的小球和小方块若干、小桶若干、记号笔等。

写出建模过程:

2. 实施上面设计的实验,将实验结果记录表 2-5-6 中。

表 2-5-6

	配子类型一( )	配子类型二( )	配子类型三( )	配子类型四( )
抓取出现的次数				

3. 结合模拟过程中观察到的现象,描述 F_1 产生配子种类及比例的过程。

—— 课后检测 ——

一、大麦的麦穗

大麦品系 I 的麦穗性状表现为二棱、曲芒;品系 II 的麦穗性状表现为六棱、直芒。研究人员将品系 I 和品系 II 杂交,F_1 麦穗性状全部为二棱、曲芒。F_1 自交,得到 F_2,统计 F_2 麦穗性状,结果如表 2-5-7 所示。根据结果回答下列问题:

表 2-5-7

麦穗性状	二棱曲芒	六棱曲芒	二棱直芒	六棱直芒
统计结果	541	181	177	63

1. 麦穗性状二棱对六棱为_____性状,曲芒对直芒为_____性状。F_2 中出现不同花冠颜色植株的现象称为_____,F_2 的基因型共有_____种。

2. 控制大麦两对相对性状的等位基因位于_____对同源染色体上,遵循_____定律。

3. F_2 中麦穗性状表现为六棱曲芒且能稳定遗传的个体占　　　　　　　　　　　（　　）

A. 1/16　　　　　　B. 9/16　　　　　　C. 3/16　　　　　　D. 4/16

4. 基因型为 $AaBb$ 的大麦与基因型为 $aaBb$ 的大麦杂交,两对基因独立遗传,则后代中

（　　）

A. 表现型 4 种,比例为 3：1：3：1,基因型 6 种

B. 表现型 2 种,比例为 3：1,基因型 3 种

C. 表现型 4 种,比例为 9：3：3：1,基因型 9 种

D. 表现型 2 种,比例为 1：1,基因型 3 种

5. 下列关于"性状分离比模拟实验"的叙述,正确的是 （   ）

① 取两个相同的小桶,在每桶内放入等量的 2 种颜色的相同小球,两个桶内小球总数必须相等

② 摇匀后从两桶内各随机抓取 1 个小球,记录后分别放回原桶,重复 50 次

③ 统计每种小球组合和每种组合对应性状的总数、占总数的百分率

④ 统计小组的结果比全班的结果更接近孟德尔实验的分离比

A. ①②③   B. ②④

C. ①③④   D. ②③

6. (多选)拉布拉多犬的毛色有黑色、棕色和黄色三种表型,棕色(*bbEE*)和黄色(*BBee*)个体杂交,F₁ 均为黑色(*BbEe*),F₁ 雌雄个体随机交配,F₂ 表现为黑色、棕色、黄色的个体数之比为 9：3：4。据此分析下列说法不正确的是(   )

A. *B* 和 *E* 为等位基因,*b* 和 *e* 为等位基因

B. 基因型为 *bbee* 的拉布拉多犬表现为黄色

C. 子二代的 3 种表型对应 16 种基因型

D. 子二代中黑色个体的基因型均为 *BbEe*

二、建立模型和模拟实验

1. 在 4 个容器内,各放入两种小球,如图 2-5-5 所示,进行"模拟孟德尔杂交实验"的活动。回答下列问题：

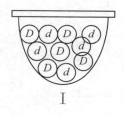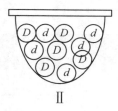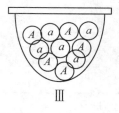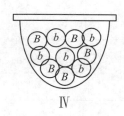

Ⅰ　　　　Ⅱ　　　　Ⅲ　　　　Ⅳ

图 2-5-5

(1) 从容器Ⅰ和Ⅱ中各随机抓一个小球,模拟 F₁ 产生配子时等位基因_____的基因行为；将抓取的两个小球组合在一起,模拟_____过程。

(2) 从容器Ⅲ和Ⅳ中各随机抓一个小球组合在一起,模拟 F₁ 产生配子时_____,该种基因行为的意义是_____。

2. (多选)某种植物宽叶抗病(*AaBb*)与窄叶不抗病(*aabb*)测交,子代有 4 种表型,其中宽叶抗病 40 株,窄叶不抗病 40 株,宽叶不抗病 10 株,窄叶抗病 10 株。某同学据此进行了一个模拟实验,实验设置如图 2-5-6 所示。下列叙述不正确的是 （   ）

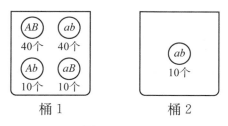

图 2 - 5 - 6

A. 桶 1 中有 4 种不同的球, 这是模拟基因的自由组合

B. 桶 1 中的球, 模拟宽叶抗病 ($AaBb$) 植株产生的配子

C. 从桶 1 和桶 2 中各取 1 个球, 都是模拟基因重组

D. 桶 1 和桶 2 中球的总数不同, 无法产生预期结果

3. 下面是小明在学习"性状分离比模拟实验"时的设计方案。

(1) 材料用具: 市售原装扑克牌两副 (每副牌中红、黑花色数量相等), 记录纸和笔。

(2) 方法步骤: ①将两副原装扑克牌 (代表配子) 从牌盒 (代表生殖器官) 内取出, 单独放置, 不要相混。②分别洗每副牌, 使每副牌中不同花色和点数的牌被充分打乱排列次序。③两副牌分别洗好后, 在桌上单独放置, 随机从每副牌的任一位置翻开, 亮出各自底牌, 并记下两张底牌的颜色组合。红桃、方块和大王都记红色 R, 黑桃、梅花和小王都记黑色 r。④翻开后的每副牌再合在一起, 多次重复步骤_____。⑤记录并统计_____
_____。

(3) 实验分析: ①以上各步中, 两副牌自始至终不能混入对方, 这是因为两副牌分别代表雌、雄配子, 如果相混, 就有可能出现_____ (答出两点)。②每副牌随机亮出的底牌颜色是红或黑的机会相等, 模拟的是_____产生不同_____类型的配子机会相等。

———— 课后反思 ————

1. 完成本节课内容的学习后, 请查阅并收集袁隆平的杂交水稻的实例。

2. 请思考并设计"性状分离比模拟实验"的替代方案。

第 6 课　性染色体上的基因传递与性别相关联

▶ 内容出处

普通高中教科书必修 2 第 2 章第 3 节。

▶ 课标要求

1. 内容要求：概述性染色体上的基因传递和性别相关联。

2. 学业要求：运用遗传图解及统计与概率的相关知识，预测并解释性染色体上基因控制的遗传性状在种群内的分布及变化。

▶ 学习目标

1. 结合人类性别决定类型的实例，分析性别决定的主要方式，提升分析能力，培养生命观念。

2. 利用遗传图解分析摩尔根的果蝇杂交实验，阐明伴性遗传的特点，培养论证能力和逻辑思维能力。

3. 通过实例了解伴性遗传在日常生活和生产中的应用，认同生物学的社会价值，提升社会责任感。

▶ 评价任务

表 2-6-1

评 价 内 容	等第（在对应的等第内打√）			
	优秀	良好	合格	不合格
1. 结合实例，分析常见性别决定类型				
2. 分析摩尔根的果蝇杂交实验，阐明伴性遗传的特点				
3. 阐述人群中红绿色盲患者男女比例存在差异的原因，了解伴性遗传规律在实践中的应用				
4. 课后检测、课后反思的完成情况				

▶ 学习过程

 学习建议

1. 本学习内容的地位和作用

本节课内容包括常见的性别决定类型、性染色体上的基因传递规律。通过本节课的学

习,学生可以了解性染色体上基因传递与性别相关联,既承接前文孟德尔经典遗传实验与规律内容,又为下一章的学习奠定基础。

2. 学习路径

如图 2-6-1。

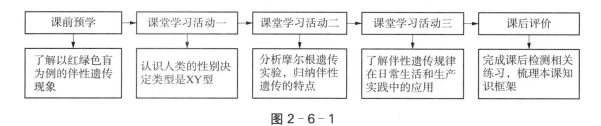

图 2-6-1

3. 学习重点和难点

本节课的学习重难点是伴性遗传的特点。为突破这一重难点,学生在学习中可以利用遗传图解分析摩尔根的经典遗传实验,归纳伴性遗传的特点,发展演绎与推理的科学思维。

4. 评价标准

完成课前预学任务,了解生物的性别决定类型。

完成课堂学习活动一,能认识人类性别决定的类型及特点。

完成课堂学习活动二,通过对果蝇杂交实验的分析,阐述伴性遗传的特点。

完成课堂学习活动三,能独立分析伴性遗传的应用实例,预测并解释性染色体上基因控制的遗传性状变化。

(时间:8 min)

任务一:人有男女之别,大多数动物和部分植物也有雌雄之分。请查阅资料,了解不同生物的性别决定类型。

任务二:某些性状会与性别发生关联,如在人群中,男性红绿色盲患者显著多于女性。请阅读课本 P47"红绿色盲与社会关注"内容,并回答相关的"思考与讨论"。

活动一:分析资料,认识最常见的性别决定类型是 XY 型(达成学习目标1,对应评价任务1)

资料1:1905 年,科学家观察到黄粉虫的雌雄个体的染色体数相同,雌性个体体细胞中有两条 X 染色体,雄性只有一条;在雄性个体的体细胞内还有一条雄性独有的染色体命名为"Y"。人、所有哺乳类、大多数昆虫、某些鱼类、两栖类、雌雄异株的植物(女娄菜、菠菜)等的染色体均属于这种类型。

资料2:1914 年,塞勒证明雌蛾含有两条形态不同的染色体,雄蛾含有两条形态相同的染色体,在雌雄体内都存在的染色体被命名为"Z",仅在雌性中存在的染色体被命名为"W"。鸟类、某些两栖类和爬行类、某些昆虫(如蚕)的细胞中含有这样的染色体。

资料 3:葫芦科喷瓜是由 a^D、a^+、a^d 三个复等位基因决定性别,其中 a^D 决定发育为雄株,a^+ 决定雌雄同株,a^d 决定雌株。

资料 4:许多爬行动物的性别取决于卵在巢中发育的温度。例如,在红耳龟的卵在 26 ℃ 孵化时,雄性性别决定基因 $Dmrt1$ 表达,孵出的小龟为雄性;但当卵的孵化温度在 32 ℃ 时,该基因沉默,孵化出的小龟则为雌性。

1. 结合资料 1 和 2 及课本 P48 图 2-16 写出人类(46 条)、家蚕(56 条)的染色体组成。

2. 结合课本 P48 图 2-17 及相关正文内容,说出 XY 型性别决定方式的特点。

3. 请在图 2-6-2 的圆圈中填写出配子和 F₁ 的染色体组成。

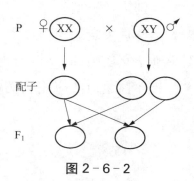

图 2-6-2

4. 结合以上资料,归纳生物的性别决定方式。

活动二:分析摩尔根的果蝇实验,说明性染色体上的基因传递是伴性遗传(达成学习目标 2,对应评价任务 2)

分析摩尔根的果蝇杂交实验,回答下列问题:

1. 如图 2-6-3,分析杂交实验①,红眼相对白眼为_____(填"显性"或"隐性")。

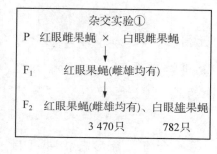
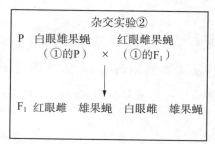
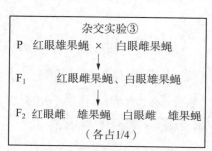

图 2-6-3

2. 根据杂交实验①中 F_2 的表型,初步分析果蝇眼色性状的遗传与性别遗传是否为独立遗传,说明原因。

3. 分析杂交实验③和①中亲本的表型,这两种杂交实验互为_____。

4. 与豌豆的株高性状遗传对比,你发现杂交实验③和①的 F_1 的表型特点是什么?

5. 杂交实验②中,子代与亲代的杂交实验方法,称为_____。

6. 根据杂交实验②中 F_1 的表型,判断 P 中红眼雌果蝇为_____(填"纯合子"或"杂合子")。

7. 摩尔根作出假设,控制果蝇眼色的基因 W 和 w 位于 X 染色体上,且 W 决定红眼性状,w 决定白眼性状,Y 染色体上并没有分布眼色基因,书写方式为 X^W、X^w、Y。请在表 2-6-2 中写出以下表型的基因型。

表 2-6-2

表型	红眼雌果蝇	红眼雄果蝇	白眼雌果蝇	白眼雄果蝇
基因型				

8. 请在表 2-6-3 中画出摩尔根三组果蝇杂交实验的遗传图解并回答问题。

表 2-6-3

杂交实验①	杂交实验③	杂交实验②
P	P	P
配子	配子	配子
F_1	F_1	F_1
F_2		F_2

9. 像果蝇眼色这样,控制性状的基因传递与性别相关联的现象属于_____遗传,该遗传现象的特点是什么?

活动三:分析人类红绿色盲的遗传,阐述伴性遗传规律在生活中的应用(达成学习目标3,对应评价任务3)

人类红绿色盲的遗传也属于伴性遗传。控制红绿色觉的基因位于 X 染色体上。导致红绿色盲的是隐性基因,用 X^b 表示,色觉正常的显性基因用 X^B 表示。

男生色盲患者小王感到困惑:"为什么爸爸、妈妈和姐姐都不是色盲而我却是色盲患者?如果我结婚,我的孩子会患色盲吗?"

1. 请根据所学知识绘制小王家庭的遗传图解。

2. 若小王已经到了适婚年龄,请分组用遗传图解为小王提出婚育建议。

3. 请在表 2-6-4 中归纳并写出以下不同色觉表型的人对应的基因型。

表 2-6-4

表型	正常女性	女性携带者	色盲女性	正常男性	色盲男性
基因型					

4. 人群中红绿色盲男患者约占总人数的 7%,女患者约为 0.49%。可见,此病的男性患者人数远远高于女性患者,其原因是什么?

5. 结合课本 P48 图 2-17 判断控制红绿色盲的基因位于 X、Y 染色体的_____(填"同源区段"或"非同源区段")。

6. 人类白化病为常染色体隐性遗传,致病基因用 a 表示。请在表 2-6-5 中比较以红绿色盲为例的伴 X 染色体隐性遗传与以白化病为例的常染色体隐性遗传的异同点。

表 2－6－5

遗传方式	伴 X 染色体隐性遗传	常染色体隐性遗传
相同点		
不同点		

———— 课 后 检 测 ————

一、果蝇的遗传

已知果蝇长翅和短翅、红眼和棕眼各为一对相对性状,分别受一对等位基因控制,且两对等位基因位于不同的染色体上。为了确定这两对相对性状的显隐性关系,以及控制它们的等位基因是位于常染色体上,还是位于 X 染色体上(表现为伴性遗传),某同学让一只雌性长翅红眼果蝇与一只雄性长翅棕眼果蝇杂交,发现子一代中表型及其分离比为长翅红眼:长翅棕眼:短翅红眼:短翅棕眼＝3:3:1:1。回答下列问题:

1. 在确定性状显隐性关系及相应基因位于何种染色体上时,该同学先分别分析翅长和眼色这两对性状的杂交结果,再综合得出结论。这种做法所依据的遗传学定律是_____。

2. 通过上述分析,可对两对相对性状的显隐性关系及其等位基因是位于常染色体上,还是位于 X 染色体上做出多种合理的假设,其中的两种假设分别是:翅长基因位于常染色体上,眼色基因位于 X 染色体上,棕眼对红眼为显性;翅长基因和眼色基因都位于常染色体上,棕眼对红眼为显性。那么,除了这两种假设外,这样的假设还有_____种。

3. 如果"翅长基因位于常染色体上,眼色基因位于 X 染色体上,棕眼对红眼为显性"的假设成立,则理论上,子一代长翅红眼果蝇中雌性个体所占比例为_____,子一代短翅红眼果蝇中雄性个体所占比例为_____。

4. 有人从野生型红眼果蝇中偶然发现一只朱砂眼雄蝇,用该果蝇与一只红眼雌蝇杂交得 F_1,F_1 随机交配得 F_2,子代表型及比例如表 2－6－6(基因用 B、b 表示):

表 2－6－6

	亲本	F_1		F_2	
		雌	雄	雌	雄
实验一	红眼(♀)×朱砂眼(♂)	全红眼	全红眼	红眼	红眼:朱砂眼＝1:1

(1) B、b 基因位于_____染色体上,朱砂眼对红眼为_____性。

(2) 让 F_2 红眼雌蝇与朱砂眼雄蝇随机交配,所得 F_3 中,雌蝇有_____种基因型,雄蝇中朱砂眼果蝇所占比例为_____。

二、阅读课本 P52"生物学与社会"栏目

1. 请分别绘制芦花母鸡（$Z^B W$）和非芦花公鸡（$Z^b Z^b$）、非芦花母鸡（$Z^b W$）和芦花公鸡（$Z^B Z^B$）（$Z^B Z^b$）的遗传图解（包括亲本基因型和表型、产生配子的基因型、子代的基因型和表型）。

2. 若某养鸡场想在雏鸡阶段识别出雌雄鸡，应选用上述哪一种杂交组合？

3. 家鸡（$2n=78$）的性别决定方式为 ZW 型。慢羽和快羽是家鸡的一对相对性状，且慢羽（D）对快羽（d）为显性。正常情况下，快羽公鸡与慢羽母鸡杂交，子一代的公鸡均为慢羽，母鸡均为快羽；子二代的公鸡和母鸡中，慢羽与快羽的比例均为 1∶1。

（1）正常情况下，公鸡体细胞中染色体组成是_____，精子中含有_____条 W 染色体。

（2）等位基因 D/d 位于_____染色体上，判断依据是_____
_____。

（3）家鸡羽毛的有色（A）对白色（a）为显性，这对等位基因位于常染色体上。正常情况下，1 只有色快羽公鸡和若干只白色慢羽母鸡杂交，产生的子一代公鸡存在_____种表型。

（4）现有一只雌鸡因受环境影响转变成能正常交配的雄鸡，该雄鸡与正常雌鸡交配产生的子代性别及比例为（WW 型胚胎致死） （　　）

A. 雌性∶雄性＝1∶1
B. 雌性∶雄性＝2∶1
C. 雌性∶雄性＝3∶1
D. 雌性∶雄性＝1∶2

— 课后反思 —

请自主梳理本节课的知识结构。（如用思维导图或概念图的方式）。

第2章 学业评价

一、侏儒鼠

野生型小鼠体型正常(由 A 基因控制),突变型小鼠表现为侏儒(由 a 基因控制),A、a 为常染色体上的一对等位基因。研究者将纯合野生型雄性小鼠与突变型雌性小鼠进行交配,F_1 小鼠均表现为野生型,F_1 雌雄小鼠相互交配得 F_2。请回答下列问题:

1. 从理论分析,F_2 小鼠的表型及比例应为_____。

2. 实验结果表明,F_2 小鼠中野生型与突变型之比为 1∶1。研究发现,F_2 杂合小鼠染色体组成与表型的关系如下图所示。据图推测,小鼠的体型正常与否是由_____(填"父方"或"母方")染色体上的基因决定的。

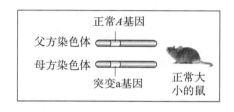 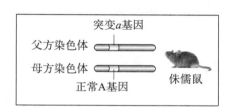

3. 若将基因型为 AA 的雌鼠与基因型为 Aa 的雄鼠交配,后代小鼠的表型及比例为_____。

二、杜洛克猪的毛色遗传

杜洛克猪毛色受两对独立遗传的等位基因控制,毛色有红毛、棕毛和白毛三种,对应的基因组成如下表。请回答下列问题:

杜洛克猪的毛色性状与基因型

毛色	红毛	棕毛	白毛
基因组成	A_B_	A_bb、aaB_	aabb

1. 棕毛猪的基因型有_____种。

2. 已知两头纯合的棕毛猪杂交得到的 F_1 均表现为红毛,F_1 雌雄交配产生 F_2。

(1) 该杂交实验的亲本基因型为_____。

(2) 两对基因的遗传遵循_____。

(3) F_1 测交,后代表型及对应比例为_____。

(4) F_2 的棕毛个体中纯合子的比例为_____。

3. 若另一对染色体上有一对基因 I、i,I 基因对 A 和 B 基因的表达都有抑制作用,i 基因不抑制,如 I_A_B_ 表现为白毛。基因型为 IiAaBb 的个体雌雄交配,子代中红毛个体的比例为_____。

三、性别决定

某种羊的性别决定为 XY 型,黑毛和白毛由等位基因(M/m)控制,且黑毛对白毛为显性。

1. 某同学为了确定 M/m 是位于 X 染色体上,还是位于常染色体上,让多对纯合黑毛母羊与纯合白毛公羊交配,子二代中黑毛:白毛 $=3:1$,我们认为根据这一实验数据,不能确定 M/m 是位于 X 染色体上,还是位于常染色体上,还需要补充数据,如统计子二代中白毛个体的性别比例,若_____,则说明 M/m 是位于 X 染色体上;若_____,则说明 M/m 是位于常染色体上。

2. 对于性别决定为 XY 型的动物群体而言,当一对等位基因(如 A/a)位于常染色体上时,基因型有_____种;当其仅位于 X 染色体上时,基因型有_____种。

果蝇的长刚毛与短刚毛是一对相对性状,由基因 A、a 控制。现有长刚毛和短刚毛的纯合雌雄个体若干,某小组欲证明该对基因的位置及性状的显隐性关系。

3. 若想通过杂交确定基因的位置,最常采用正反交的方法:若正反交子代全表现为_____,则 A、a 基因位于常染色体上,长刚毛为显性;若正反交结果不同,短刚毛♀×长刚毛(♂)的子代全为_____,长刚毛(♀)×短刚毛(♂)的子代中雌性全为_____,雄性全为_____,则 A、a 基因位于 X 染色体上,短刚毛为显性。

4. 若已证明 A、a 基因位于 X 染色体上,且短刚毛对长刚毛为显性,现将一只短刚毛雄果蝇用紫外线照射,A 基因所在的染色体缺失了一个片段,A 基因不缺失。现让该果蝇与长刚毛雌果蝇杂交,若 F_1 中仅出现雄果蝇,则原因最可能是:_____。

四、水稻雄性育性

中国科学家团队对水稻科研作出了突出贡献:袁隆平院士被誉为"杂交水稻之父",朱英国院士为我国杂交水稻的先驱,农民胡代书培育出了越年再生稻等。为了体验科学家的艰辛,进一步了解水稻的遗传规律,某兴趣小组在科研部门的协助下进行相关实验:取甲(雄蕊异常,雌蕊正常,表现为雄性不育,基因型为 $Aabb$)、乙(可育,基因型为 $aaBB$)两个品种的水稻进行相关研究,试验过程和结果如下表所示:

	F_1	F_1 个体自交得到的 F_2
甲与乙杂交	全部可育	一半全部可育
		另一半可育株:雄性不育株 $=13:3$

注:水稻雄性育性由等位基因 A/a 控制,A 对 a 完全显性,B 基因会抑制不育基因的表达,反转为可育。

1. 控制水稻雄性不育的基因是_____;该兴趣小组的同学在分析结果后认为,A/a 和 B/b 这两对等位基因在遗传时遵循基因的自由组合定律,其判断依据是:_____。

2. F_2 中出现一半可育,其 F_1 的基因型是_____;另一半可育株:雄性不育株＝13:3,其中雄性不育株基因型及其比例是_____;仅考虑 F_2 中出现雄性不育株的那一半,该部分的可育植株中能稳定遗传的个体所占比例为_____。

3. 为了确定某雄性不育水稻丙的基因型(已有各种基因型的可育水稻),请简要写出实验思路和预期实验结果和结论。

_____

_____

_____

五、垂体性侏儒症

垂体性侏儒症是指垂体前叶功能障碍或下丘脑病变,使某种激素分泌不足而引起的生长发育缓慢。小部分有家族性发病史,下图是该遗传病的某家系系谱图,已知Ⅱ7不携带垂体性侏儒症致病基因。

1. 垂体性侏儒症的遗传方式是　　　　　　　　　　　　　　　　　　( )

A. 常染色体显性遗传病　　　　　　B. 常染色体隐性遗传病

C. X 染色体显性遗传病　　　　　　D. X 染色体隐性遗传病

E. Y 染色体遗传病

2. 下列措施能治疗垂体性侏儒症的是　　　　　　　　　　　　　　( )

A. 幼年时口服生长激素　　　　　　B. 成年后进行基因检测

C. 幼年时注射生长激素　　　　　　D. 成年后注射生长激素

3. 图中属于Ⅲ8旁系血亲的是_____。我国婚姻法规定禁止近亲结婚的遗传学依据是　　　　　　　　　　　　　　　　　　　　　　( )

A. 人类的遗传病都是由隐性基因控制的

B. 非近亲结婚者后代肯定不患遗传病

C. 近亲双方从共同祖先继承同一致病基因的机会增加

D. 近亲双方必然都携带从共同祖先继承的同一致病基因

4. (多选)不考虑基因突变,Ⅱ6一定含有致病基因的细胞是　　　　( )

A. 次级卵母细胞　　B. 初级卵母细胞　　C. 甲状腺细胞

D. 卵细胞　　　　　　E. 垂体细胞

5. 若Ⅲ8与一健康男性结婚(基因型与Ⅲ10相同),则他们所生子女正常的概率为_____。

科研人员对某动物($2n$)的精巢切片进行显微观察,绘制了图甲中三幅细胞分裂示意图(仅示部分染色体);图乙表示该动物精巢中连续发生的细胞分裂过程中核DNA数目变化曲线。

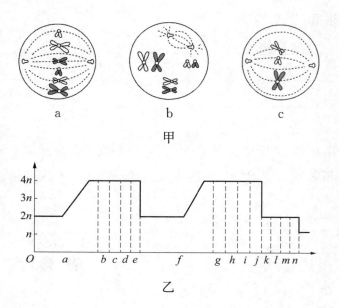

6. 图甲中细胞 a 所处的时期是_____,细胞 b 名称是_____。

7. 已知该动物的基因型为 $AaBb$(两对基因独立遗传),若细胞丙分裂产生的两个精细胞的基因型分别是 Abb 和 A,原因可能是_____。

8. 图乙中 a 段细胞核主要完成_____。图甲中 a、c 分别处于图乙的_____、_____段。

第 3 章　可遗传的变异

第 1 课　基因重组造成变异的多样性

内容出处

普通高中教科书必修 2 第 3 章第 1 节。

课标要求

1. 内容要求:阐明进行有性生殖的生物在减数分裂过程中染色体所发生的自由组合和交叉互换,会导致控制不同性状的基因重组,从而使子代出现可遗传的变异。

2. 学业要求:能基于事实和证据,论证可遗传的变异来自基因重组,提升归纳与概括、演绎与推理等科学思维能力。

学习目标

1. 通过绘制细胞减数分裂过程图,写出果蝇配子种类,阐明减数分裂过程中染色体自由组合导致基因重组。

2. 通过假说演绎推理方法分析摩尔根的果蝇杂交实验,阐明减数分裂过程中染色体交叉互换导致基因重组。

3. 通过分析"基因重组的直接证据"实验,掌握科学探究的基本思路,培养严谨求实的科学精神。

评价任务

表 3－1－1

评价内容	等第(在对应的等第内打√)			
	优秀	良好	合格	不合格
1. 绘制减数分裂过程图,推理基因重组的来源				
2. 绘制果蝇杂交实验遗传图解,推理基因重组另一来源				

（续表）

评 价 内 容	等第（在对应的等第内打√）			
	优秀	良好	合格	不合格
3. 阅读资料，结合基因重组的直接证据，说明染色体的交叉互换，会导致控制不同性状的基因重组				
4. 课后检测、课后反思的完成情况				

 学习过程

—— 学 习 建 议 ——

1. 本学习内容的地位和作用

本节课是必修 2 第 3 章第 1 节"基因重组造成变异的多样性"的内容，这两部分内容分别基于实验证据论证染色体特定行为是导致基因重新组合的原因。通过分析课本提供的素材，初步了解减数分裂中染色体自由组合和交叉互换导致基因重组。本节课是本章的第一部分内容，为学生学习基因突变和染色体变异的内容打下坚实的基础。

2. 学习路径

如图 3 - 1 - 1。

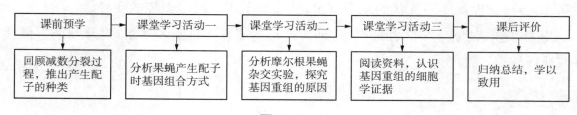

图 3 - 1 - 1

3. 学习重点和难点

学习重点是基因重组的两个来源，难点是染色体交叉互换导致基因重组。学生可以通过以下方法突破重难点：在课前预学中绘制减数分裂过程图和课堂学习活动一计算果蝇产生配子的种类，推理基因重组的来源之一是染色体自由组合；在课堂学习活动二中分析摩尔根的果蝇杂交实验，复原摩尔根假说演绎的过程，推理基因重组的另一个来源是染色体交叉互换。

4. 评价标准

完成课前预学，正确绘制减数分裂过程图。

完成课堂学习活动一，写出果蝇配子中的基因组合情况，推理基因重组的来源。

完成课堂学习活动二，分析果蝇杂交实验，正确绘制减数分裂过程中交叉互换图和果蝇杂交实验的遗传图解，推理基因重组的来源。

完成课堂学习活动三，分析基因重组的直接证据。

—— 课前预学 ——

（时间：3 min）

任务：阅读课本 P58"果蝇配子中的基因组合"，尝试分析。

果蝇体细胞中有 4 对同源染色体。假设有 5 对等位基因 A/a、B/b、C/c、D/d、E/e，它们在染色体上的位置如课本 P58 图 3－1 所示。

1. 就等位基因 A/a、B/b 而言，该果蝇可产生多少种基因型的配子？

2. 就等位基因 A/a 和 E/e 而言，该果蝇可产生多少种基因型的配子？为什么？

—— 课堂学习 ——

活动一：绘制减数分裂过程图并分析（达成学习目标 1，对应评价任务 1）

某初级精母细胞中含有两对非等位基因 Y、y 和 R、r，位于非同源染色体上，如图 3－1－2 所示。请在图中画出该初级精母细胞进行减数分裂的部分时期，并在染色体上标注出基因。

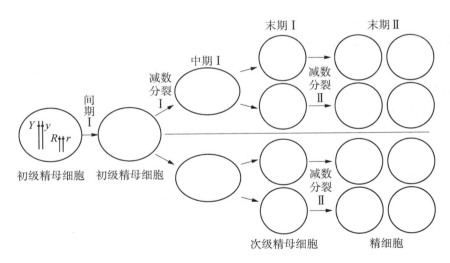

图 3－1－2

1. 写出基因型为 $YyRr$ 个体产生的配子。

2. 写出基因型为 $YyRr$ 个体自交产生的后代的基因型和不同于亲本的基因型。

3. 结合减数分裂,简述基因型为 $YyRr$ 个体产生多样化配子和不同于亲本基因型子代的原因。

活动二:分析摩尔根的果蝇杂交实验(达成学习目标 2,对应评价任务 2)

资料 1:1910 年,美国生物学家摩尔根及其同事将纯种灰身长翅雌蝇与纯种黑身残翅雄蝇杂交,F_1 均为灰身长翅,再用 F_1 的雌果蝇与黑身残翅雄果蝇杂交实验,结果如课本 P59 图 3-3 所示。

1. 通过资料 1 实验现象推测出果蝇的体色和翅型的显隐性关系。

2. 简述 F_2 个体表型和数量特征。

资料 2:摩尔根针对以上杂交实验作出假设,控制果蝇灰身(B)/黑身(b)、长翅(Vg)/残翅(vg)这两对相对性状的基因位于同一对同源染色体上。

3. 结合资料 2,在图 3-1-3 中标注出 F_1 果蝇细胞中控制体色和翅型基因所在的染色体位置。

图 3-1-3

4. 请在图 3-1-4 中绘制 F_1 雌果蝇 $BbVgvg$ 减数分裂联会时发生染色体交叉互换的过程及产生的配子类型。

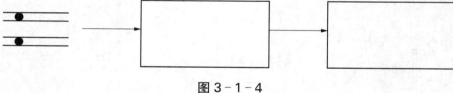

图 3-1-4

5. 绘制摩尔根果蝇杂交实验的遗传图解(要求:画出染色体并标注出对应的基因)。

P

配子

F_1

配子

F_2

6. 该 F_1 雌果蝇产生的 4 种配子中,重组型配子的比例小于 50%。请解释重组型配子少于亲本型配子的原因。

活动三:阅读课本 P61"思维训练"栏目——基因重组的直接证据,分析以下问题。(达成学习目标 3,对应评价任务 3)

1. 在图 3-1-5 中标出测交子代染色体上的相应基因。

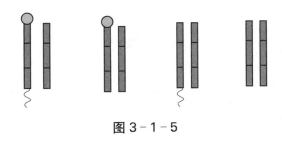

图 3-1-5

2. 本实验是如何证明母本在配子形成时 9 号染色体发生交叉互换导致基因重组的?

3. 你认为这一实验设计的巧妙之处有哪些?

课 后 检 测

一、基因重组

如图 3-1-6 表示某动物一个精原细胞分裂染色体配对时的一种情况,$A\sim D$ 为染色体上的基因。请分析:

1. 该变异属于_____,发生于_____
____。

2. 两条非姐妹染色单体相互交换的基因_____(填"能"或"不能")表达。

3. 每条染色体在该次分裂的_____期着丝点分裂。

4.(多选)这种变异会产生 ( )

A. 新的基因

B. 新的基因型

C. 新的表型

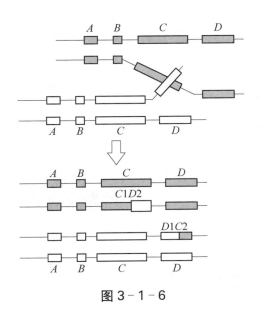

图 3-1-6

二、染色体模式图

某种昆虫有翅(A)对无翅(a)为显性,黑身(B)对灰身(b)为显性,有刺刚毛(D)对无刺刚毛(d)为显性,控制这 3 对性状的基因均位于常染色体上。现有该昆虫个体基因型如图 3-1-7 所示。

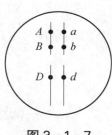

图 3-1-7

1. 等位基因 D 和 d 的分离发生在_____。

2. 若选择有翅与无翅、有刺刚毛和无刺刚毛这两对相对性状作为研究对象,是否支持"控制这两对相对性状的基因自由组合"这一结论?依据是什么?请用染色体模式图解进行说明,画出染色体在特定时期的形态特征。

3. 若选用该昆虫与相同基因型的异性交配,子代能否产生有翅灰身纯合体($AAbb$)?请用染色体模式图解说明。

—— 课后反思 ——

1. 请自主梳理本节课的知识结构(如用思维导图或概念图的方式)。

2. 还存在哪些知识疑惑或还需要解决的问题有哪些?

第 2 课　基因突变是生物变异的根本来源

内容出处

普通高中教科书必修 2 第 3 章第 2 节。

课标要求

1. 内容要求：(1)概述碱基的替换、插入或缺失会引发基因中碱基序列的改变。(2)阐明基因中的碱基变化有可能导致它所编码的蛋白质及相应的细胞功能改变,甚至带来致命的后果。(3)描述细胞在某些化学物质、物理射线以及病毒的作用下,基因突变概率可能提高,而某些基因突变能导致细胞分裂失控,甚至发生癌变。

2. 学业要求：基于事实和证据,论证基因突变是可遗传变异的根本来源。

学习目标

1. 通过分析"镰状细胞贫血症"的病因,概述碱基替换、插入或缺失属于基因突变,可能导致所编码的蛋白质功能改变,从而使细胞的相应功能发生变化。

2. 通过分析"果蝇眼色变异"实例,概述基因突变可产生新等位基因,是生物变异的根本来源,总结基因突变的特点。

3. 概述利用某些理化或生物因素能够提高基因突变率;举例说明基因突变可以带来致命后果,但也可以为人类所用。

评价任务

表 3-2-1

评 价 内 容	等第(在对应的等第内打√)			
	优秀	良好	合格	不合格
1. 阐明基因突变的产生机理,区分基因突变的类型				
2. 归纳基因突变的特点				
3. 概述引起基因突变的因素及其应用				
4. 课后检测、课后反思的完成情况				

学习过程

—— 学 习 建 议 ——

1. 本学习内容的地位和作用

本节课内容包括碱基替换、插入或缺失都可能引起基因突变,诸多理化和生物因素可提高基因突变的频率,基因突变可为人类所用。通过本节课的学习,学生可以明确基因突变的本质,理解基因突变是生物变异的根本来源,既承接上一节内容,又为下一节内容的学习奠定基础,进一步加深对生物可遗传变异的理解。

2. 学习路径

如图 3-2-1。

课前预学	→	课堂学习活动一	→	课堂学习活动二	→	课堂学习活动三	→	课后评价
分析"镰状细胞贫血症"的病因		阐明基因突变的类型,构建基因突变概念		分析基因突变的因素,总结基因突变的特点		学以致用,说出癌变的机理和预防方法		归纳总结,完成课后练习,提升科学思维

图 3-2-1

3.学习重点和难点

学习重点是基因突变的类型和概念,难点是阐述基因突变对蛋白质结构和性状的影响。学生在学习中可采用以下方法突破重难点:构建"基因-mRNA-蛋白质-性状"的概念模型,从碱基和氨基酸序列、蛋白质结构和功能角度递推,明确基因突变是生物变异的根本来源。

4.评价标准

完成课前预学,正确书写两种情况下 mRNA 中的碱基序列和多肽链中的氨基酸序列,辨析基因突变对性状的可能影响。

完成课堂学习活动一,概述基因突变的类型,构建基因突变概念,辨析不同类型的基因突变对性状的可能影响。

完成课堂学习活动二,概述引发基因突变的内外因素,总结基因突变的特点和价值。

完成课堂学习活动三,能结合生活知识说明如何预防和治疗癌症。

— 课 前 预 学 —

(时间:5 min)

任务:阅读资料,完成以下思考题。

资料:如图 3-2-2,正常红细胞为圆盘状,而镰状细胞贫血症患者红细胞发生镰刀状改变,导致红细胞较难通过毛细血管而发生阻塞或破裂,引起组织器官缺血、缺氧,严重时导致死亡。研究发现,镰状细胞贫血症患者体内编码血红蛋白β链基因的一个碱基发生了改变,相关碱基序列如表 3-2-2 所示。

7,400X   7,400X

图 3-2-2

表 3－2－2

第一个碱基	第二个碱基				第三个碱基
	U	C	A	G	
U	UUU 苯丙氨酸	UCU 丝氨酸	UAU 酪氨酸	UGU 半胱氨酸	U
	UUC 苯丙氨酸	UCC 丝氨酸	UAC 酪氨酸	UGC 半胱氨酸	C
	UUA 亮氨酸	UCA 丝氨酸	UAA 终止	UGA 终止	A
	UUG 亮氨酸	UCG 丝氨酸	UAG 终止	UGG 色氨酸	G
C	CUU 亮氨酸	CCU 脯氨酸	CAU 组氨酸	CGU 精氨酸	U
	CUC 亮氨酸	CCC 脯氨酸	CAC 组氨酸	CGC 精氨酸	C
	CUA 亮氨酸	CCA 脯氨酸	CAA 谷氨酰胺	CGA 精氨酸	A
	CUG 亮氨酸	CCG 脯氨酸	CAG 谷氨酰胺	CGG 精氨酸	G
A	AUU 异亮氨酸	ACU 苏氨酸	AAU 天冬酰胺	AGU 丝氨酸	U
	AUC 异亮氨酸	ACC 苏氨酸	AAC 天冬酰胺	AGC 丝氨酸	C
	AUA 异亮氨酸	ACA 苏氨酸	AAA 赖氨酸	AGA 精氨酸	A
	AUG（起始） 甲硫氨酸	ACG 苏氨酸	AAG 赖氨酸	AGG 精氨酸	G
G	GUU 缬氨酸	GCU 丙氨酸	GAU 天冬氨酸	GGU 甘氨酸	U
	GUC 缬氨酸	GCC 丙氨酸	GAC 天冬氨酸	GGC 甘氨酸	C
	GUA 缬氨酸	GCA 丙氨酸	GAA 谷氨酸	GGA 甘氨酸	A
	GUG 缬氨酸	GCG 丙氨酸	GAG 谷氨酸	GGG 甘氨酸	G

1. 借助上表,完善表 3－2－3 所示的"正常基因和异常基因转录的 mRNA 和翻译的多肽链"。注意:翻译 mRNA 中的密码子时具有方向性,需从 $5'→3'$ 阅读。

表 3 - 2 - 3

正常基因	5′- GTG CAT CTG ACT CCT GAG GAG - 3′
mRNA	
多肽链	
异常基因	5′- GTG CAT CTG ACT CCT GTG GAG - 3′
mRNA	
多肽链	

2. 如果基因组中发生碱基改变,一定会改变蛋白质的氨基酸序列吗? 也一定会产生性状变异吗? 为什么?

活动一:阅读资料,概述基因突变的类型,构建基因突变的概念(达成学习目标 1,对应评价任务 1)

资料 1:正常基因中碱基替换、插入和缺失的结果示意图如图 3 - 2 - 3 所示。

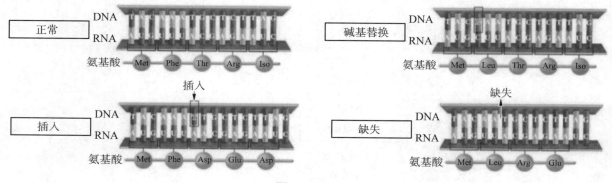

图 3 - 2 - 3

1. 分析上图,阐述基因突变的机理,尝试对基因突变下定义。

2. 参考"遗传密码子表",讨论基因突变是否一定引起生物性状的改变,并结合课前预学阐述镰状细胞贫血症的病因。

3. 基因突变的几种类型中,哪一种对于生物性状的影响可能是最小的? 为什么? 若生物个体发生了基因突变,一定会遗传给后代吗?

活动二：阅读资料，分析基因突变的原因，总结基因突变的特点和意义（达成学习目标 2、3，对应评价任务 1、2）

资料 2：自然条件下，除病毒外的各种生物细胞每复制一次可检测到的突变率仅在 $10^{-11} \sim 10^{-9}$ 之间。对病毒而言，相较于双链 DNA 病毒，单链 RNA 病毒突变率也要高许多。

资料 3：紫外线、X 射线以及其他高能射线可以破坏 DNA 结构；亚硝酸等化学物质会诱导碱基结构改变，引起碱基错配；而某些微生物（如病毒、真菌等）的感染和代谢毒素也会诱发基因突变。

资料 4：对于人体细胞而言，理论上每一次 DNA 复制有可能会发生 100～200 个碱基对的改变。然而由于人体具有一套功能强大的 DNA 校正和修复系统，使得实际的基因突变率远低于这个水平，单个基因的突变率仅在 $10^{-11} \sim 10^{-9}$ 之间。

资料 5：在自然界中，基因突变具有普遍性，可以发生在所有生物体中，以及同一生物不同阶段、不同细胞、不同基因或同一基因的不同碱基中。

资料 6：对于某一个基因而言，可能发生突变的碱基位点有多个，突变的形式也有多种，即使是同一位点的碱基改变也有多种可能。例如，果蝇红眼由基因 W^+ 控制，对不同眼色突变体的分析发现，它们的基因 W 在不同碱基位点发生了突变，从而表现出不同的眼色；突变碱基还可能再次发生改变，从而使该基因恢复成 W^+。可见，基因突变可以向不同方向发生。

资料 7：对生物体来说，基因突变可能破坏生物体与现有环境的协调关系，而对生物体有害。但有些基因突变对于生物体是有利的，如植物的抗病性突变、抗旱性突变。也有一些基因突变既无害也无益，属于中性突变。有些突变对生物自身未必有利，却能为人类所用，我国通过返回式卫星进行太空育种，现已培育了上百个新品种，包括水稻、小麦、烟草和甜椒等。

1. 结合资料 2，请从结构与功能相适应的角度，解释为什么单链 RNA 病毒突变率很高？

2. 结合资料 3、4 总结引发基因突变的外界因素，并说明为什么基因突变的实际突变频率要比理论突变频率高很多倍？

3. 请根据资料 6 中的信息，用"→"在图 3-2-4 中标注对应基因的突变方向。

野生型红眼(W^+)

白眼(w)

杏眼(W^a)

曙红眼(W^e)

图 3-2-4

4. 请根据资料提供的信息,在表 3-2-4 中总结基因突变的特点。

表 3-2-4

资料4	
资料5	普遍性
资料6、资料7	

活动三:阅读资料并结合生活知识,阐述癌变的机理和提出预防癌症的方法(达成学习目标 2,对应评价任务 3)

资料 8:人体和动物细胞中的 DNA 上存在有与细胞癌变相关的基因:原癌基因和抑癌基因。原癌基因表达的蛋白是细胞正常生长和增殖所必需的,这一类基因一旦突变或过量表达而导致相关蛋白活性过强,就有可能引起细胞癌变。相反,抑癌基因表达的蛋白质能抑制细胞的生长和增殖,或促进细胞凋亡,这一类基因一旦突变会导致相关蛋白活性减弱或失去活性,也有可能引发细胞癌变。

资料 9:图 3-2-5 所示是一系列相关基因突变导致结肠癌发生的过程。

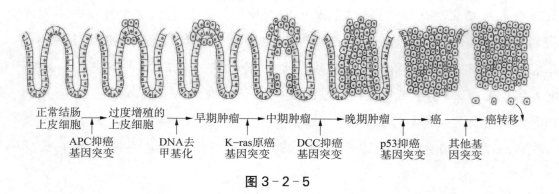

图 3-2-5

资料 10:在癌症发生的早期,患者往往不表现出任何症状,因而难以及时发现。而对于癌症晚期的患者,目前还缺少有效的治疗手段,因此要避免癌症的发生。癌细胞相对于正常细胞具有以下特征:能够无限增殖,形态结构发生显著改变,细胞膜上的糖蛋白等物质减少,同时特异性表达甲胎蛋白等物质,细胞之间的粘着性显著降低,容易发生转移等。

1. 分析资料 8,判断原癌基因和抑癌基因是否是细胞正常增殖必需的基因,请说明理由。

2. 分析资料 9,判断如果只有抑癌基因突变能否发生癌变,思考为何中老年个体的癌症发病率更高。

3. 分析资料10,谈谈如何在实际生活中预防癌症的发生,以及如何对癌症进行筛查。

一、基因突变导致性状改变

如图3-2-6为具有两对相对性状的某自花传粉的植物种群中甲植株(纯种)的一个 A 基因和乙植株(纯种)的一个 B 基因发生突变的过程(已知 A 基因和 B 基因是独立遗传的)。请分析该过程,回答下列问题:

甲 $\dfrac{ACG}{TGC}$ 突变 $\dfrac{AGG}{\quad}$ → $\dfrac{AGG}{TCC}$ a基因(圆茎)

A基因 $\dfrac{\quad}{TGC}$ → $\dfrac{ACG}{TGC}$ A基因(扁茎)

乙 $\dfrac{CCA}{GGT}$ 突变 $\dfrac{CAA}{\quad}$ → $\dfrac{CAA}{GTT}$ b基因(圆叶)

B基因 $\dfrac{\quad}{GGT}$ → $\dfrac{CCA}{GGT}$ B基因(缺刻叶)

图 3-2-6

1. 上述两个基因发生突变是由于基因内部碱基对_____引起的。(填编号)

　① 替换　② 增添　③ 缺失

2. 如图3-2-7为甲植株发生了基因突变的细胞,它的基因型为_____,表现型是_____。请在图中标明基因与染色体的关系。

图 3-2-7

3. 甲、乙发生基因突变后,该植株及其子一代均不能表现突变性状,为什么?_____

_____。

二、人工诱导基因突变

通过^{60}Co诱变水稻种子,得到一黄绿叶突变体。经测序发现,编码叶绿素a氧化酶的基因(OsCAO1)中从箭头所指的碱基开始连续5个碱基缺失(如图3-2-8所示),导致该基因编码的多肽链异常。(已知终止密码子为:UAA、UAG、UGA)

转录方向

正常序列:转录模板链……ACC GGA CAT AGT ATA CTG TTC……

……TGG CGA GTA TCA TAT GAC AAG……

图 3-2-8

1. 该 OsCAO1 基因转录时,在_____的催化下,以_____为原料合成 mRNA 分

子；翻译时，当核糖体移动到 mRNA 的_____处时，多肽合成结束。（填编号）

① DNA 聚合酶 ② DNA 解旋酶 ③ RNA 聚合酶 ④ NTP（核糖核苷三磷酸）

⑤ dNTP（脱氧核苷三磷酸） ⑥ 终止子 ⑦ 终止密码子

2. 从基因表达水平分析，该突变体的产生是由于_____

_____。

3. 同一水稻植株的叶肉细胞与根尖细胞的遗传信息基本相同但其胞内蛋白质、细胞结构与功能却差异较大，根本原因是_____。

三、多彩的柑橘家族

由于叶绿素和类胡萝卜素的含量差异，柑橘（二倍体）成熟后，果皮呈现出橙色、绿色、棕色等，果皮颜色主要由核基因 A1/A2/A3 控制。

1. A1、A2、A3 位于同源染色体相同位置上，互为_____。如果只考虑果皮颜色，柑橘可能的基因型有_____种。

2. A1 基因编码的叶绿素降解酶能使果皮叶绿素含量大幅下降。在柑橘成熟过程中，果皮颜色转变的根本原因是 A1 基因表达产生_____使_____含量减小。已知 A2、A3 控制合成的蛋白质均不能降解叶绿素。据图 3-2-9 分析，A2 与 A1 的碱基排列顺序不同，导致 A2 生成的 mRNA 上_____提前出现，翻译生成的_____变短，合成的蛋白质无活性。（附部分密码子：CAU 组氨酸、AUU 异亮氨酸、GUA 缬氨酸、UAA 终止密码子）

A1 的 mRNA 片段：5′- AAGGUAUG - 3′

A2 的 mRNA 片段：5′- AAGUAAUUG - 3′

图 3-2-9

研究还发现，A1、A2、A3 基因除了影响叶绿素降解酶的合成，还会作用于控制类胡萝卜素合成的限速酶 CsPSY1（整条代谢通路中催化反应速度最慢的酶），调控类胡萝卜素的合成速度。三种基因对酶的合成或调控互不影响，具体功能如表 3-2-5 所示。

表 3-2-5

基因	促进叶绿素降解	减缓类胡萝卜素合成
A1	＋	＋
A2	－	－
A3	－	＋

注："＋"表示具有该功能，"－"表示没有该功能。

3. 甲品系（A1A3）的成熟果实表皮颜色应为_____（填"橙色"或"绿色"），乙品系（A2A3）的成熟果实鲜甜浓香，表皮为棕色。请综合以上研究，在下面括号内填写"多"或"少"，并用图例中的符号，在图 3-2-10 中补充归纳乙呈现棕色的机理图。

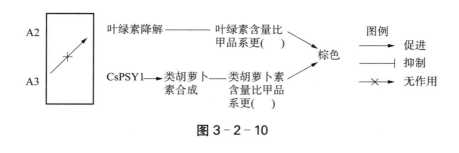

图 3-2-10

—— 课 后 反 思 ——

1. 请完善图 3-2-11 所示的思维导图。

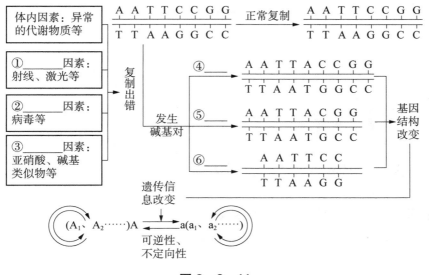

图 3-2-11

2. 还存在哪些知识疑惑或还需要解决的问题有哪些?

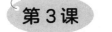　**第 3 课　染色体变异会导致性状变化(上)**

内容出处

普通高中教科书必修 2 第 3 章第 3 节。

课标要求

1. 内容要求:举例说明染色体结构和数量的变异都可能导致生物性状的改变甚至死亡。

2. 学业要求:概述染色体数目和结构变异的类型,举例说明其对生物性状的影响,建构结构与功能观。

学习目标

1. 通过阅读分析资料,概述染色体结构和数目变异的类型。

2. 举例说明染色体变异可导致生物性状改变。

评价任务

表 3-3-1

评 价 内 容	等第(在对应的等第内打√)			
	优秀	良好	合格	不合格
1. 能够结合课堂学习活动—构建染色体组、二倍体、多倍体和单倍体的概念				
2. 能够通过资料分析,概述染色体数目变异的类型				
3. 能归纳概括染色体结构变异的类型,阐述其导致生物性状改变的原因。				
4. 课后检测、课后反思的完成情况				

学习过程

— 学习建议 —

1. 本学习内容的地位和作用

本节课的内容涉及染色体数目变异可能导致生物性状的改变和染色体结构变异也可能导致生物性状的改变两部分。继前两节课从分子水平学习了基因重组、基因突变造成生物的变异,本节课进一步从细胞水平阐述可遗传变异。课本围绕染色体数目和结构的改变导致生物性状的改变,帮助学生树立结构与功能观;同时,教师需要引导学生关注可遗传变异对生物个体和整个物种进化带来的影响,树立生物进化观,为第四章生物进化的学习打下基础。

2. 学习路径

如图 3-3-1。

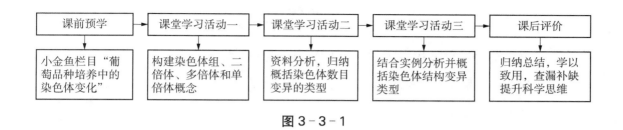

图 3-3-1

3. 学习重点和难点

染色体数目与结构的变异类型是本节课内容的重点,其中染色体数目变异里染色体组的概念是学习的难点。学生可以通过比较果蝇体细胞与生殖细胞中染色体的组成,初步形成染色体组的"印象",再找出染色体组概念要素(如一个染色体组中的染色体之间的关系、功能和数量特征)。

4. 评价标准

完成课堂学习活动一,能从果蝇体细胞和生殖细胞中染色体组成分析,概述染色体组的概念,进而得出二倍体、多倍体和单倍体的概念。

完成课堂学习活动二,能基于资料归纳总结染色体数目变异的类型。

完成课堂学习活动三,能归纳概括染色体结构变异的类型,阐述其导致生物性状改变的原因。

(时间:8 min)

任务:预习课本 P70"葡萄品种培育中的染色体变化"的内容,并尝试回答下列问题。

1. 写出图中的 $2n$、$3n$、$4n$ 表示的含义。

2. 红旗特早玫瑰与四倍体玫瑰香都来源于玫瑰香,但染色体数目不同,造成这种不同的原因可能是什么?

3. 无核早红是无核品种,分析其无核的原因。通过哪种繁殖方式可以保留其优良性状?

—课堂学习—

活动一:回顾减数分裂过程,构建染色体组的概念(达成学习目标1,对应评价任务1)

1. 尝试用不同的方法对雌果蝇 8 条染色体进行分组。

_____组,具体分法:_____

_____。

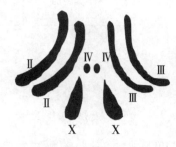

图3-3-2

2. 回忆减数分裂过程,分析配子中的染色体组合会选择哪种方式? 为什么?

3. 什么是染色体组?

4. 观察图 3-3-3,写出个体在不同情况下产生雌配子、雄配子的染色体组成,受精后受精卵的染色体组成(用 N 表示)。

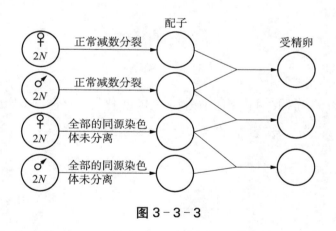

图3-3-3

5. 建构二倍体、三倍体、多倍体及单倍体的概念

活动二:分析资料,归纳染色体数目变异的类型(达成学习目标2,对应评价任务2)

资料1:21 三体综合征,又叫先天性愚型,患者比正常人多了一条21号染色体。患者的智力低下,身体发育缓慢,50%的患儿有先天性心脏病,部分患儿在发育过程中夭折。

资料2:性腺发育不良,也叫特纳氏综合征,患者缺少了一条X染色体,身材比较矮小,外观虽然表现为女性,但是性腺发育不良,乳房不发育,因而没有生育能力。这种病的患者大约有30%伴有先天性心脏病。

1. 举例说明染色体数目变异的类型有哪些?

2. 结合减数分裂过程,尝试分析21三体综合征的产生原因。

活动三:染色体结构变异的类型(达成学习目标3,对应评价任务3)

1. 阅读课本相关内容,归纳概括染色体结构变异的类型。

2. 连线(图3-3-4中数字和字母均代表不同的基因)。

①缺失

②重复

③易位

④倒位

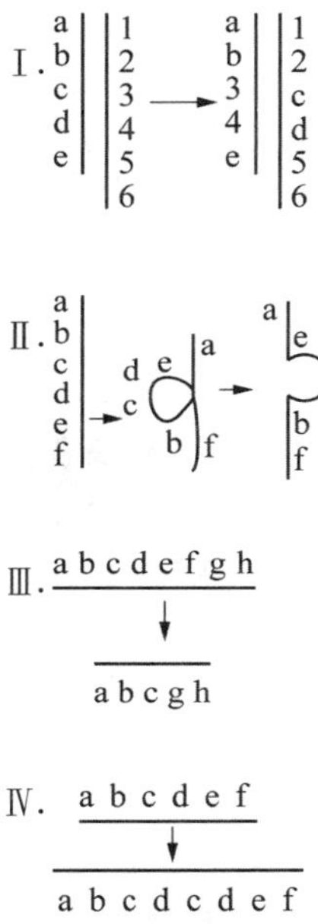

Ⅲ. a b c d e f g h
↓
a b c g h

Ⅳ. a b c d e f
↓
a b c d c d e f

A. 基因数目没有变化,基因排列顺序发生改变

B. 发生在非同源染色体之间

C. 同一条染色体上存在了等位基因或相同基因

D. 染色体上的基因数目减少

图3-3-4

3. 结合图3-3-5辨析:交叉互换与易位。

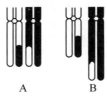

图3-3-5

4. 阐述这些变异对生物体性状的影响。

---课后检测---

一、遗传病与染色体

造成人类遗传病的原因有多种。在不考虑基因突变的情况下,回答下列问题:

1. 21三体综合征一般是由第21号染色体数目异常造成的。A 和 a 是位于第21号染色体上的一对等位基因,某患者基因型为 Aaa,其爸爸、妈妈的基因型依次为 AA 和 Aa,据此可推断,该患者染色体异常是由其_____(填"父亲"或"母亲")的原始生殖细胞减数_____异常造成的。

2. 猫叫综合征是第5号染色体发生_____(填"部分缺失"或"整体缺失")造成的遗传病,这种变异在光学显微镜下_____(填"能"或"不能")被观察到。

3. 某对表现型正常的夫妇(丈夫的基因型为 BB,妻子的基因型为 bb,且此基因位于第五号染色体上)生出了一个患有猫叫综合征的孩子,若这个孩子表现出基因 b 的性状,则发生缺失的染色体来自_____(填"父亲"或"母亲")。

4. 某男子表现型正常,但其一条14号和一条21号染色体相互连接形成一条异常染色体,如图3-3-6甲。减数分裂时异常染色体的联会如图3-3-6乙,配对的三条染色体中,任意配对的两条染色体分离时,另一条染色体随机移向细胞任一极。

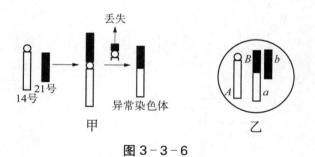

图3-3-6

(1) 该变异类型属于_____。

(2) 该男子减数第二次分裂后期时,次级精母细胞中的染色体数目是_____。

(3) 如不考虑其他染色体,理论上该男子产生的精子类型有_____种。

(4) 在14号染色体和21号染色体上有 A/a 和 B/b 两对等位基因,该男子的基因型如图乙所示,他与正常的基因型为 $aabb$ 的女性婚配,所生染色体组成正常的后代的基因型为_____。

二、果蝇眼形的秘密

科学家们发现果蝇的眼是复眼,即由很多小眼组成。小眼数的不同使果蝇的眼形存在正常眼、棒眼、重棒眼(如图3-3-7所示三种情况)。

1. 由图可知,果蝇眼形由正常眼转变成棒眼、重棒眼是发生了_____的结果,且_____片段越多,小眼数越_____,眼睛越_____。

2. 实验室现有一批正常眼和棒眼的雌雄果蝇,欲鉴定一棒眼雌果蝇是表3-3-2中的b

类型还是 c 类型。请你设计一个简单的杂交实验,并预测可能的结果及相应的结论。

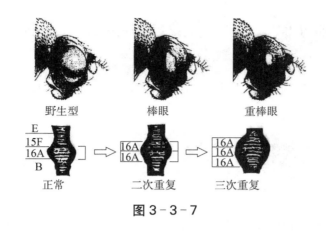

野生型　　　　棒眼　　　　重棒眼

正常　　　　二次重复　　　　三次重复

图 3-3-7

表 3-3-2

类型	a	b	c	d	e	f	g
染色体结构 ◐ 表示 16A 区段	X X	X X	X X	X X	X Y	X Y	X Y
表现型	正常眼	棒眼	棒眼	重棒眼	正常眼	棒眼	重棒眼

杂交实验方案:让该棒眼雌果蝇_____。

预测结果及相应的结论:若_____,则说明该棒眼雌果蝇是 b 类型;若_____,则说明该棒眼雌果蝇是 c 类型。

──── 课 后 反 思 ────

1. 请自主梳理本节课的知识结构。(如用思维导图或概念图的方式)

2. 还存在哪些知识疑惑或还需要解决的问题有哪些?

第4课　染色体变异会导致性状变化(下)

内容出处

普通高中教科书必修2第3章第3节。

课标要求

1. 内容要求:举例说明染色体结构和数量的变异都可能导致生物性状的改变甚至死亡。
2. 学业要求:运用遗传和变异的观点,解释常规遗传学技术在现实生产和生活中的应用。

学习目标

1. 概述单倍体育种和人工诱导多倍体育种的技术过程。
2. 举例说明诱变育种在生产和生活中的实践价值。

评价任务

表 3-4-1

评　价　内　容	等第(在对应的等第内打√)			
	优秀	良好	合格	不合格
1. 能结合实例说出单倍体育种的方法、过程和优点				
2. 能结合实例说出人工诱导多倍体育种的方法、过程和优点				
3. 能归纳各种育种方法的特点和应用				
4. 课后检测、课后反思的完成情况				

学习过程

——— 学 习 建 议 ———

1. 本学习内容的地位和作用

前一课时我们学习了染色体组、二倍体、单倍体、多倍体、整倍体变异、非整倍体变异、结构变异等概念,理解了染色体变异可能会通过基因的表达影响到生物的性状,而且可能会产生严重的后果。基于单倍体和多倍体的优缺点,人类是否可以人工诱导生物产生单倍体或多倍体,从而开发出对人类有利的生物性状? 这正是本节课要回答的问题。通过本节课的学习,学生将认识到染色体变异对生物带来的影响可能是不利的,但也可能是对自身或人类是有利的,学会辩证、全面地看待染色体变异这种自然现象。

2. 学习路径

如图3-4-1。

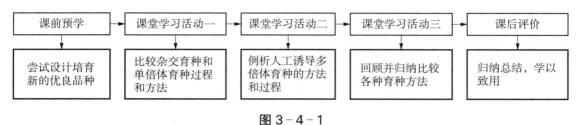

图3-4-1

3. 学习重点和难点

单倍体育种和多倍体育种方法的技术路线和原理,以及认识染色体变异对人类生产实践的意义是本节课的重点;无籽西瓜的培育过程是本节课的难点。学生可以通过基于情境的小组合作讨论的方法,归纳不同育种方法的特点,从而突破难点。

4. 评价标准

完成课堂学习活动一,能基于资料和实例,说出单倍体育种的原理、技术路线。

完成课堂学习活动二,能基于资料和实例,说出三倍体无籽西瓜的育种方法、过程和优点。

完成课堂学习活动三,能说出遗传育种的方法和每种育种方法的原理、方法和优缺点。

（时间:5 min）

任务:填写表3-4-2,比较豌豆、普通小麦、小黑麦的体细胞和配子中的染色体数目、染色体组数目,并且注明他们分别属于几倍体生物。

表3-4-2

生物种类	豌豆	普通小麦	小黑麦
体细胞中的染色体数/条		42	
配子中的染色体数/条	7		28
体细胞中的染色体组数	2		
配子中的染色体组数		3	
属于几倍体生物			八倍体

活动一:比较杂交育种和单倍体育种过程和方法（达成学习目标1,对应评价任务1）

资料1:在农业生产实践中,杂交育种指育种工作者常通过将两个或多个不同动植物品种进行杂交,使它们的优良性状组合在一起,并通过筛选达到品种改良的目的。迄今为止,应用这一方法已培育出数以万计的动植物新品种。例如,烟草的宽叶(W)对窄叶(w)为显性,抗病(D)对不抗病(d)为显性,科学家以宽叶不抗病(WWdd)和窄叶抗病(wwDD)两个烟草品种为材料,利用杂交育种方法培育出了宽叶抗病(WWDD)的新品种。

资料 2:植物细胞具有全能性,将离体的植物细胞(体细胞或花粉细胞)、组织或器官(外植体)在适宜的培养条件下经分化形成愈伤组织,然后经过再分化,形成芽、根并最终发育成完整植株,这一过程称为植物组织培养。

1. 结合资料 1,填写利用杂交育种方法培育出宽叶抗病(WWDD)的新品种的过程。

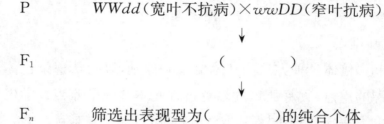

P   WWdd(宽叶不抗病)×wwDD(窄叶抗病)

F₁   (　　　　　)

Fₙ   筛选出表现型为(　　　　)的纯合个体

2. 结合资料 2,填写利用单倍体育种方法培育出宽叶抗病(WWDD)的新品种的过程。

P   WWdd(宽叶不抗病)×wwDD(窄叶抗病)

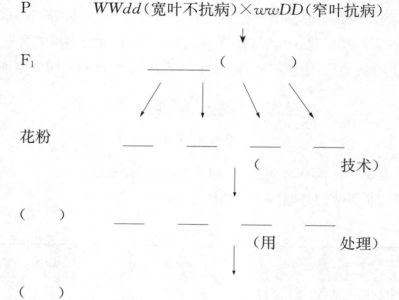

F₁   _____ (　　　　)

花粉   ____ ____ ____ ____

(　　　技术)

(　　)   ____

(用　　　处理)

(　　)   _____

3. 从育种时间的角度,分析与杂交育种相比,单倍体育种的优点是什么?

活动二:结合资料和实例,分析人工诱导多倍体育种的方法和过程(达成学习目标 1,对应评价任务 2)

资料 3:阅读课本 P71 表 3-1 和 P76 表 3-2。

资料 4:在自然界,几乎全部动物和过半数的高等植物都是二倍体。多倍体在植物中很常见,在被子植物中,约有 33% 的物种是多倍体。例如,普通小麦、棉、烟草、菊、水仙等都是多倍体,某些品种的苹果、梨、葡萄也是多倍体。

资料 5:人工诱导多倍体的方法很多,如低温处理、用秋水仙素诱发等。其中,用秋水仙素来处理萌发的种子或幼苗是目前最常用且最有效的方法。当秋水仙素作用于正在分裂的细胞时,能够抑制纺锤体的形成,导致染色体不能移向细胞两极,从而引起细胞内染色体数目加倍。染色体数目加倍的细胞继续进行有丝分裂,就可能发育成多倍体植株。

1. 结合资料 3、4 以及所学知识,你认为与二倍体相比,单倍体、多倍体生物在可育性、大小、形态、产量等方面是否有明显差别?这些差别是怎么引起的?对生物自身的生存有什么影响?

2. 参考资料 5 和课本 P77 图 3-26,写出利用多倍体育种的方法培育三倍体无籽西瓜的文字流程图。

3. 参考资料 5,你能说出产生多倍体的基本途径吗?为什么要将一定浓度的秋水仙素滴在二倍体西瓜幼苗的芽尖?有时可以看到三倍体西瓜中有少量发育并不成熟的种子,请推测产生这些种子的原因?

活动三:回顾并归纳遗传育种方法(达成学习目标 1、2,对应评价任务 3)

表 3-4-3

类型	杂交育种	诱变育种	单倍体育种	多倍体育种
育种原理				
途径方法				
特点				
应用举例				

实例分析:控制棉花纤维长度的三对等位基因 A 和 a、B 和 b、C 和 c 对长度的作用相等,分别位于三对同源染色体上。已知基因型为 aabbcc 的棉花纤维长度为 6 cm,每个显性基因增加纤维长度 2 cm。现有棉花植株甲(AABBcc)、乙(aaBbCc),为了使棉纤维长度更长,小明想到了两种方案:A 方案是考虑在种植棉花时多施加适量复合肥料,B 方案是从遗传物质角度设计培育新的优良品种。

1. 你认为两种方案的遗传效应一样吗?为什么?

2. 针对 B 方案,请写出育种方法和过程,并预估棉纤维的可能长度。

——课后检测——

一、育种方式

图 3-4-2 为农业上两种不同的育种方法过程示意图。

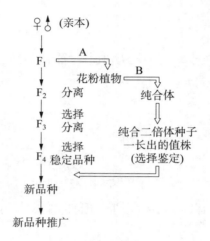

图 3-4-2

1. →和⇨所示的途径依次表示_____育种和_____育种,其中的_____育种最为理想,其依据的变异原理是_____,优点是_____

_____。

2. 图中 A 和 B 处理的手段依次为_____和用_____处理。

3. 杂交育种依据的主要遗传学原理是 ( )

A. 染色体变异　　　B. 基因的自由组合　C. 基因突变　　　　D. 人工诱变

4. 用图中 A 和 B 处理方式育种可以明显地缩短育种的年限,这是由于 ( )

A. 育种技术操作简单　　　　　　　B. 诱导出苗成功率高

C. 单倍体植物生长迅速　　　　　　D. 后代不发生性状分离

5. 下列几种育种方法中,能改变原有基因的分子结构的是 ( )

A. 杂交育种　　　　B. 诱变育种　　　C. 单倍体育种　　　D. 多倍体育种

二、三倍体无籽西瓜的培育

图 3-4-3 表示三倍体无籽西瓜的培育过程,请据图回答:

1. 用秋水仙素处理二倍体幼苗,幼苗成为_____倍体植株,秋水仙素能诱导多倍体形成的原因是 ( )

A. 促进细胞融合　　　　　　　　　B. 诱导染色体多次复制

C. 促进染色单体分开,形成染色体　D. 抑制细胞有丝分裂时纺锤体的形成

三倍体无籽西瓜的培育过程图解

图 3－4－3

2. 第一年四倍体母本所结西瓜瓤为_____倍体,西瓜籽为_____倍体。

3. 第二年三倍体母本所结西瓜瓤为_____倍体,无籽的原因是在减数分裂过程中,由于_____,不能形成正常的生殖细胞。

4. 用二倍体西瓜与四倍体西瓜杂交可以得到无籽西瓜,图 3－4－4 中能正确表示无籽西瓜体细胞染色体组　　　　　　　　　　　　　　　　　　　　　（　　）

A　　　　　　　　B　　　　　　　　C　　　　　　　　D

图 3－4－4

— 课后反思 —

1. 请自主梳理本节课的知识结构。（如用思维导图或概念图的方式）

2. 还存在哪些知识疑惑或还需要解决的问题有哪些?

第5课　人类遗传病可以检测和预防(上)

内容出处

普通高中教科书必修2第3章第4节。

课标要求

1. 内容要求:举例说明人类遗传病是可以检测和预防的。
2. 学业要求:运用统计与概率的相关知识,解释并预测种群内某一遗传性状的分布及变化。

学习目标

1. 概述人类常见遗传病的类型、遗传方式和预防措施。
2. 树立正确对待人类遗传病的观念和社会责任。

评价任务

表3-5-1

评 价 内 容	等第(在对应的等第内打√)			
	优秀	良好	合格	不合格
1. 通过阅读资料,正确标出系谱图各符号所代表的含义				
2. 独立归纳并总结出人类常见遗传病的类型				
3. 写出各遗传病的基因型并总结出各种单基因遗传病的遗传规律				
4. 课后检测、课后反思的完成情况				

学习过程

—— 学习建议 ——

1. 本学习内容的地位和作用

本节课内容主要是人类遗传病有多种类型。通过本节课的学习,学生能够明确人类遗传病的概念、类型以及单基因遗传病的遗传规律,既承接之前所学的伴性遗传,又为下一节学习奠定基础。

2. 学习路径

如图 3-5-1。

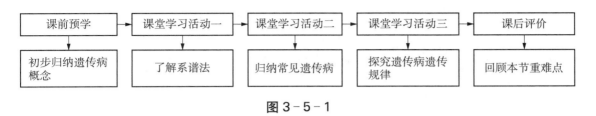

图 3-5-1

3. 学习重点和难点

本节课的重点是人类遗传病的概念、类型、单基因遗传病的遗传规律,难点是遗传病遗传规律的发现与总结。学生可以通过课前预学初步了解什么是遗传病,感悟遗传病的遗传规律,开拓自己的思维,尝试发现遗传病的种类,再通过后面的课堂学习活动,逐步了解遗传病的分析方法,明确遗传病的种类并独立总结出不同类型单基因遗传病的遗传规律。

4. 评价标准

完成课前预学,初步归纳遗传病的概念。

完成课堂学习活动一,通过分析资料了解系谱图中的符号含义。

完成课堂学习活动二,通过梳理归纳出人类常见遗传病的类型。

完成课堂学习活动三,通过分析遗传系谱图,独立总结出常见单基因遗传病的遗传规律。

——*课 前 预 学*——

(时间:8 min)

任务:分析资料,完成下列问题:

血友病的遗传:19 世纪,英国皇室中流传着一种非常危险的遗传病,这种病被人们称为"皇室病"。患者常因轻微损伤就出血不止,或体内出血夭折,很难活到成年,这就是血友病。血友病是一种单基因突变导致的遗传病。这种疾病曾经困扰欧洲王室近百年(图 3-5-2)。

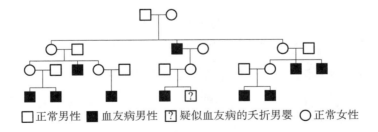

□正常男性 ■血友病男性 ?疑似血友病的夭折男婴 ○正常女性

欧洲王室部分成员血友病的系谱图

图 3-5-2

1. 遗传病与先天性疾病能否等同?请举例说明并尝试归纳出遗传病的概念。

2. 根据上图,尝试分析血友病基因的传递规律。

3. 你还知道哪些人类遗传病?它们分别是由哪种变异引起的?

---课堂学习---

活动一:阅读资料,了解系谱法(达成学习目标 1,对应评价任务 1)

资料:在人类遗传分析中主要采用系谱法,通过系谱分析可以追踪遗传性状和致病基因在世代中的传递,预测子代中表现某种遗传病的概率,是遗传咨询和遗传诊断的常用方法。

任务:图 3-5-3 是某家族的系谱图,请同学们在常用符号旁边标出符号所代表的含义。

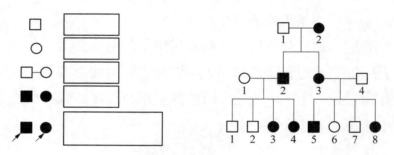

系谱图常用符号及示例

图 3-5-3

活动二:阅读课本,归纳并总结人类常见遗传病的类型(达成学习目标 1,对应评价任务 2)

1. 人类遗传病:指由于_____而引起的人类疾病,主要包括_____遗传病、_____遗传病和_____病。(提示:先天性疾病和家族性疾病并不一定是遗传病)

2. 单基因遗传病:

(1) 概念:受_____控制的遗传病。

(2) 分类:①常染色体显性遗传:多指、并指、软骨发育不全。②常染色体隐性遗传:_____、镰刀型细胞贫血症、先天性聋哑、苯丙酮尿症。③伴 X 染色体显性遗传:_____。④伴 X 染色体隐性遗传:_____、血友病。⑤伴 Y 染色体遗传:外耳道多毛症。

3. 多基因遗传病:

(1) 概念:受_____控制的人类遗传病。

(2) 特点:导致这类疾病的每一对基因的作用都是微效、具有累积效应的。疾病的表现更易受到环境因素的影响,使得疾病的诊断较为困难,但是为通过改变环境来控制发病提供了可能。

(3) 类型:如_____等。

4. 染色体病:指由_____引起的遗传病,往往涉及许多基因。人体细胞染色体异常可能会造成严重后果,如_____综合征、性腺发育不良等。

活动三:探究单基因遗传病的遗传规律(达成学习目标1、2,对应评价任务3)

资料:根据人类孟德尔遗传在线数据库的统计,已明确人类单基因遗传病多达5 000种以上。

1. 依照致病基因所在染色体以及显隐性关系,主要包括常染色体显、隐性遗传和伴X染色体显、隐性遗传,请分析表3-5-2中的系谱图并尝试写出该种遗传病的基因型,请用字母A、a表示。

表3-5-2

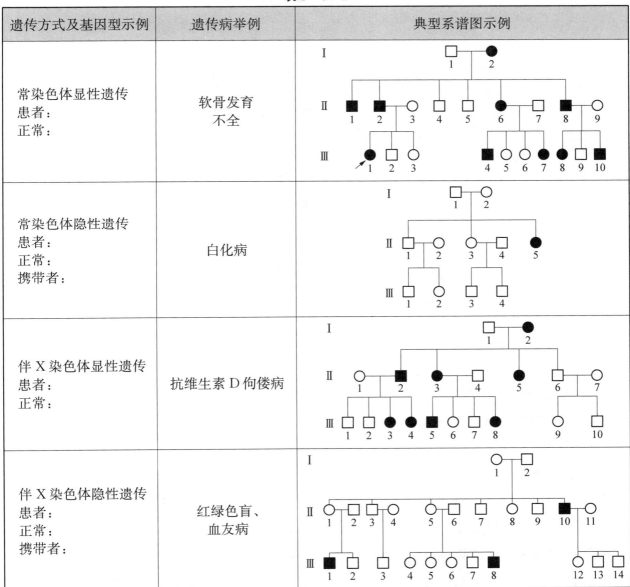

遗传方式及基因型示例	遗传病举例	典型系谱图示例
常染色体显性遗传 患者: 正常:	软骨发育不全	
常染色体隐性遗传 患者: 正常: 携带者:	白化病	
伴X染色体显性遗传 患者: 正常:	抗维生素D佝偻病	
伴X染色体隐性遗传 患者: 正常: 携带者:	红绿色盲、血友病	

2. 通过分析上表中的遗传系谱图,请你尝试总结归纳常见单基因遗传病的遗传规律,完成表3-5-3。

表 3-5-3

遗传方式	典型病例	书写基因型并计算概率	遗传特点
常染色体显性遗传（*Aa*、*AA*）	并指、多指、软骨发育不全	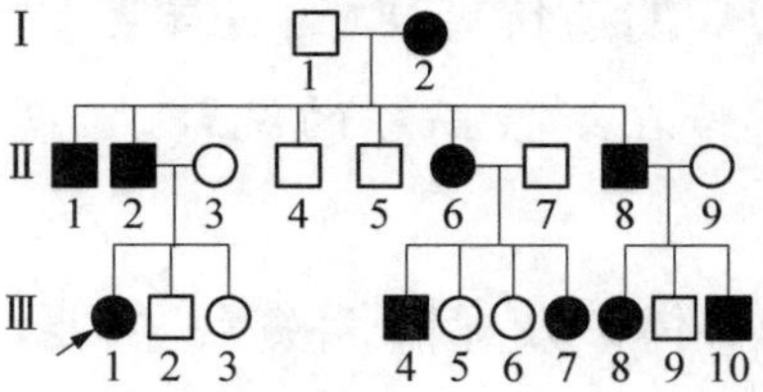	
常染色体隐性遗传（*aa*）	白化病	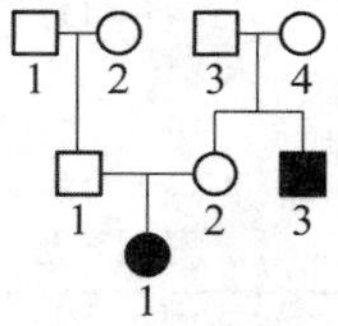	
伴 X 染色体显性遗传（X^A）	抗维生素 D 佝偻症	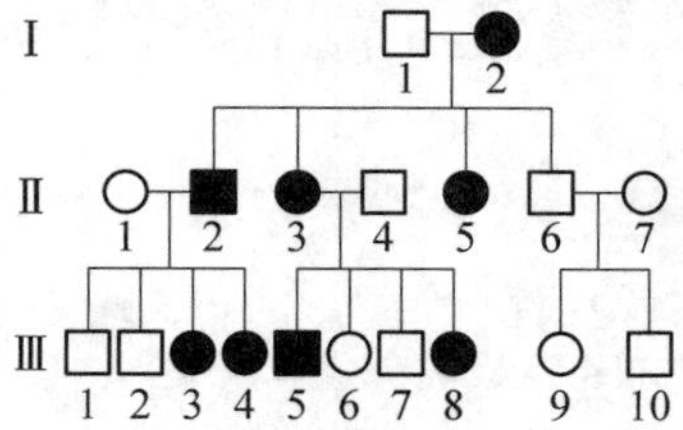	
伴 X 染色体隐性遗传（X^a）	色盲、血友病	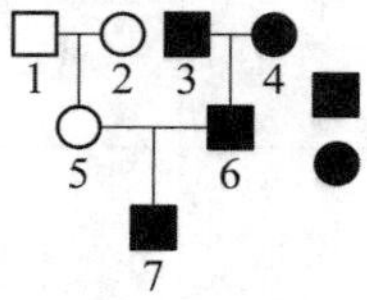	
伴 Y 染色体遗传病	外耳道多毛症	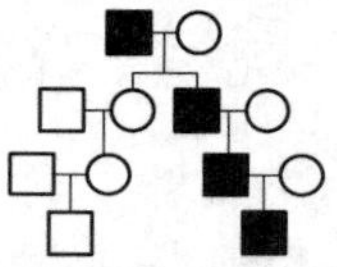 □正常男性 ○正常女性 ■患病男性	① 患者全为男性； ② 世代连续遗传，父传子，子传孙

———— 课后检测 ————

一、单基因遗传病

1. 下面属于单基因遗传病的是   （   ）

A. 苯丙酮尿症   B. 原发性高血压

C. 唐氏综合征   D. 唇腭裂

2. 小明患有人类红绿色盲，下列关于人类红绿色盲遗传的推测正确是   （   ）

A. 父亲色盲，则女儿一定色盲   B. 母亲色盲，则儿子一定色盲

C. 儿子色盲，则父亲一定色盲   D. 女儿色盲，则母亲一定色盲

3. 图 3-5-4 为小明家族患红绿色盲的家族系谱图，其中 7 号个体的致病基因来自   （   ）

A. 1   B. 2

C. 3   D. 4

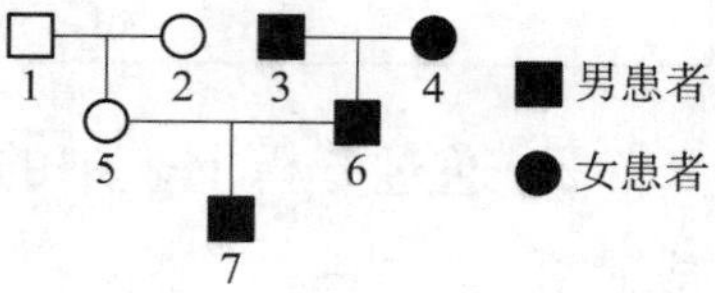

■男患者 ●女患者

图 3-5-4

4. 小明的好朋友小萌家族患有一种遗传病,该家族遗传系谱图不慎被撕破,留下的残片如图 3-5-5 所示,现找到如图 3-5-6 所示的 4 张系谱图碎片,其中属于小萌家族系谱图碎片的是　　　　　　　　　　　　　　　　　　　　　　　　　　（　　）

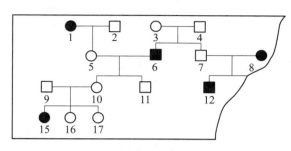

图 3-5-5

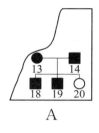 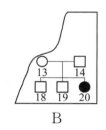 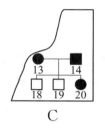 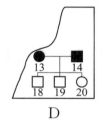

A　　　　　　　　B　　　　　　　　C　　　　　　　　D

图 3-5-6

5. 图 3-5-7 为小明家族的系谱图,图中阴影个体表示已不能提取相应的遗传物质。为鉴定男孩 9 与本家族 6 和 7 的亲子关系,应采用的可行鉴定方案是　　　　　　　　　　（　　）

A. 比较 9 与 2 的 X 染色体 DNA 序列

B. 比较 9 与 3 的 Y 染色体 DNA 序列

C. 比较 9 与 5 的 Y 染色体 DNA 序列

D. 比较 9 与 8 的 Y 染色体 DNA 序列

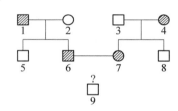

图 3-5-7

6. 小明发现一对夫妇共生了四个孩子,两男两女,其中一男一女是抗维生素 D 佝偻病患者。小明推断,这对夫妇的基因型是　　　　　　　　　　　　　　　　　　（　　）

A. $X^H X^H$ 和 $X^H Y$　　　　　　　　　　B. $X^H X^h$ 和 $X^h Y$

C. $X^h X^h$ 和 $X^H Y$　　　　　　　　　　D. $X^H X^h$ 和 $X^H Y$

二、遗传系谱图

1. 基于图 3-5-8 判断,致病基因为_____(填"显"或"隐")性。

2. 假设致病基因位于 Y 染色体上,依照 Y 染色体上基因的遗传规律,在第 Ⅲ 代中表型不符合该基因遗传规律的个体是_____。（填个体编号）

3. 若 Ⅱ₁ 号不含致病基因,由此推断致病基因位于

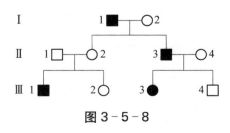

图 3-5-8

_____（填"常"或"X""Y"）染色体上，则Ⅱ₃的致病基因来自第Ⅰ代_____（填个体编号），Ⅱ₁和Ⅱ₂再生育一个孩子，为了降低生出患儿的概率，可采取最可行的措施是_____

_____。

图3-5-9是高胆固醇血症的遗传系谱图，Ⅱ-7不携带致病基因。

4. 基于图3-5-9及所给的资料判断，致病基因为_____（填"显"或"隐"）性，位于_____（填"常"或"X""Y"）染色体上。

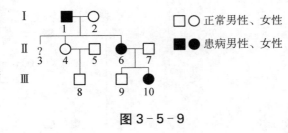

图3-5-9

5. Ⅲ₈与一正常女性结婚，生了一个患该遗传病的孩子，原因有　　　　　　　　　　　（　　）

A. Ⅲ₈和正常女性在产生精子及卵细胞时都发生了基因突变

B. Ⅲ₈和正常女性都是致病基因的携带者

C. Ⅲ₈在产生精子时发生了基因突变，正常女性是致病基因的携带者

D. 正常女性在产生卵细胞时发生了基因突变，Ⅲ₈是致病基因的携带者

— 课后反思 —

1. 请自主梳理本节课的知识结构。（如用思维导图或概念图的方式）

2. 还存在哪些知识疑惑，还需要解决的问题有哪些？（结合重难点和易错点）

第6课 人类遗传病可以检测和预防（下）

内容出处

普通高中教科书必修2第3章第4节。

课标要求

1. 内容要求：举例说明人类遗传病是可以检测和预防的。

2. 学业要求:运用统计与概率的相关知识,预测人类遗传病在人群中的分布与变化。

学习目标

1. 概述人类遗传病的遗传方式和预防措施,树立正确对待人类遗传病的观念和社会责任。

2. 学会常见遗传病调查的基本方法,并能够开展初步的调查和宣传。

评价任务

表3-6-1

评价内容	等第(在对应的等第内打√)			
	优秀	良好	合格	不合格
1. 通过资料,理解近亲结婚会使遗传病的发病率显著增加				
2. 参与角色扮演、情境模拟,了解遗传咨询的内容和程序				
3. 归纳概括分析产前诊断的方法、原理和意义				
4. 课后检测、课后反思的完成情况				

学习过程

——学习建议——

1. 本学习内容的地位和作用

本节课内容包括人类遗传病有多种类型、采取积极措施检测和预防遗传病。本节课是对第3章内容的综合应用,通过对人类遗传病案例的研究与分析,使学生认识到人类遗传病是可以检测和预防的,最终具有运用变异规律来趋利避害,更好地为人类社会服务的社会责任意识,树立并宣传健康文明的生活方式及关爱生命的观念。

2. 学习路径

如图3-6-1。

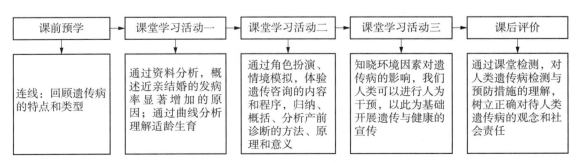

图3-6-1

3. 学习重点和难点

本节课的重难点是通过对人类遗传病调查分析,来探讨、推理相应的预防措施。学生可以通过练习,回忆巩固第一课时所学的遗传病的多种类型,随后通过人类遗传病调查分析来探讨、推理相应的预防措施。通过病例分析,感悟学科价值和人道主义关怀,从而树立正确对待人类遗传病的观念和社会责任。

4. 评价标准

完成课堂学习活动一,理解近亲结婚会使遗传病的发病率显著增加。通过资料中的曲线图,分析理解适龄生育的意义和社会意义。

完成课堂学习活动二,通过角色扮演、情境模拟,体验了解遗传咨询的内容和程序,归纳概括分析产前诊断的方法、原理和意义。

完成课堂学习活动三,知晓环境因素对遗传病的影响,我们人类可以进行人为干预,并开展遗传与健康的宣传。

（时间：3 min）

任务:完成图 3-6-2 中的连线。

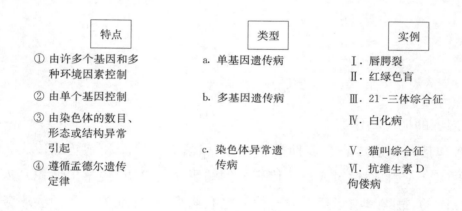

特点	类型	实例
① 由许多个基因和多种环境因素控制	a. 单基因遗传病	Ⅰ. 唇腭裂 Ⅱ. 红绿色盲
② 由单个基因控制	b. 多基因遗传病	Ⅲ. 21-三体综合征 Ⅳ. 白化病
③ 由染色体的数目、形态或结构异常引起	c. 染色体异常遗传病	Ⅴ. 猫叫综合征
④ 遵循孟德尔遗传定律		Ⅵ. 抗维生素 D 佝偻病

图 3-6-2

活动一:通过资料分析,了解人类遗传病的预防手段（达成学习目标 1,对应评价任务 1）

资料 1:(1) 达尔文和表妹爱玛生育 6 子 4 女,但这些子女,没有一位是正常的。

(2) 中国东北某地有一山村,地理环境封闭。全村近百户人家,只有两姓,这两姓世代通婚,村中所有夫妻几乎都是近亲婚。他们的后代中,或者是呆傻低能（占儿童总数 90% 以上）,或者体弱多病,早死儿的比例很高,畸形儿占群体中的 8%……建国 30 多年,全村中找不到一位能写账目的会计……

(3) 下面是正常婚配后代患病率和近亲婚配后代患病率的比较表(如表 3-6-2)。

表 3-6-2

遗传病名称	正常婚配后代患病率	近亲婚配后代患病率
先天性聋哑	1/11 800	1/1 500
白化病	1/73 000	1/3 600
红绿色盲	1/73 000	1/4 100
苯丙酮尿症	1/14 500	1/1 700

资料 2：图 3-6-3 表示母亲生育年龄与子女唐氏综合征发病率之间的关系。

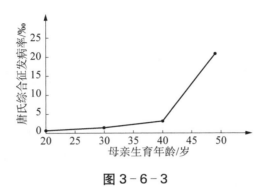

图 3-6-3

1. 分析资料 1，你从中得到了什么结论？

2. 请在图 3-6-4 中用红笔圈出你的直系血亲，用蓝笔圈出你的旁系血亲。

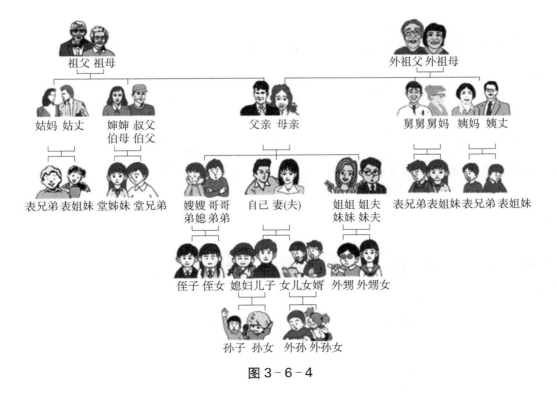

图 3-6-4

3. 结合资料2,从图中你可以得出什么结论?

4. 拓展链接:从减数分裂的角度推测唐氏综合征形成的原因。

5. 我国相关法规规定,35岁以上的孕妇必须进行产前诊断,以筛查包括唐氏综合征在内的多种遗传病。这样做的原因是什么?有哪些社会意义?

活动二:通过角色扮演与课本内容分析,认识遗传咨询与产前判断(达成学习目标2,对应评价任务2)

1. 四人一组,进行角色扮演、情境模拟。两人扮演曾生育过苯丙酮尿症的夫妇,想知道再次生出患儿的风险率。另一个学生扮演一位遗传咨询师,如何向这对夫妇提供咨询结果呢?还有一人作记录员,总结遗传咨询的基本程序,并记录在下面方框中。

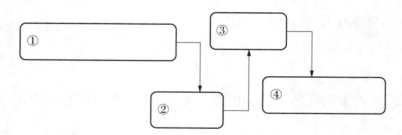

2. 结合课本P84图3-34,尝试归纳、概括诊断的具体过程。

3. 羊膜腔穿刺术会不会对孕妇和胎儿造成伤害呢?阅读课本P85"广角镜"的内容,思考该问题的解决方式。

活动三:通过阅读课本和查询资料,了解其他人类遗传病(达成学习目标3,对应评价任务3)

1. 阅读课本环境控制和人为干预内容,写下你的认识。

2. 请从遗传与健康的角度,写一句我为健康代言的口号。

— 课后检测 —

一、红绿色盲

红绿色盲是一种常见的人类遗传病,已知正常基因(B)和红绿色盲基因(b)只位于 X 染色体上。图 3-6-5 为某对夫妻的遗传图解,而图 3-6-6 是丈夫家族的遗传系谱图。请回答下列问题:

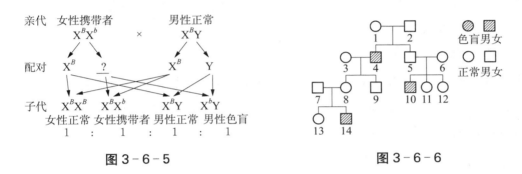

图 3-6-5　　　　　　　　　　　图 3-6-6

1. 图 3-6-5 中"?"代表的配子的基因型为_____。子代出现红绿色盲患者的概率为_____。

2. 女性红绿色盲基因携带者(X^BX^b)能产生两种类型的配子,是在减数分裂形成配子的过程中,等位基因随_____(填"同源"或"非同源")染色体分开而分离的结果。

3. 进一步分析人类红绿色盲的遗传可以得出,位于 X 染色体上隐性基因的遗传特点是:患者中男性数量_____(填"多于"或"少于")女性;男性患者的红绿色盲基因只能从亲代中的_____那里传来,以后只能传给女儿。

4. 成员 11 的基因型可能是_____,若成员 7 和 8 再生一个孩子,是色盲男孩的概率为_____。

5. 下列措施不能有效预防人类遗传病的是　　　　　　　　　　　(　　)

A. 遗传咨询　　　　　　　　B. 产前诊断

C. 近亲结婚　　　　　　　　D. 基因检测

医生对丈夫的姐姐(图 3-6-7 中Ⅲ₇)进行遗传咨询,对其临床症状进行诊断,确定其患有一种遗传病。而后依据其家族病史绘制了下列家系图,同时分析该遗传病的遗传方式并对Ⅰ₂和Ⅲ₇相应的基因模板链测序,检测结果如表 3-6-3 所示。请回答下列问题:

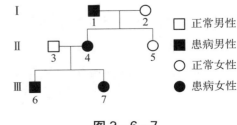

图 3-6-7

表 3 - 6 - 3

基因	基因模板链序列	I₂	III₇
正常基因	5′-···GCC···- 3′	有	有
致病基因	5′-···GTC···- 3′	无	有

6. 该遗传病的遗传方式是_____，属于人类常见遗传病类型中的_____。

7. 据家系图分析,致病基因传递给III₇的路径是_____(用图中数字和箭头表示)。

8. 结合基因模板链测序结果,从分子水平分析该致病基因形成的原因:_____
_____。如果检测II₅相应的氨基酸序列,则对应表中该位置的氨基酸是_____
_____[密码子:CGG(精氨酸)、GGC(甘氨酸)、CAG(谷氨酰胺)、GAC(天冬氨酸)]。

9. 该遗传病的少数个体临床症状不明显,检测发现其致病基因有一定程度的甲基化。
由此推测该基因甲基化有可能_____。

二、遗传性肾炎和半乳糖血症

遗传性肾炎和半乳糖血症都是由一对等位基因控制的人类遗传病,控制遗传性肾炎的
基因用 A、a 表示,控制半乳糖血症的基因用 B、b 表示,其中有一种病为伴性遗传。小明与
小红是一对青年男女(III₁ 和 III₆),婚前去医院进行婚前检查,医生对他们开展了遗传咨询并
绘出遗传系谱图如图 3 - 6 - 8 所示。

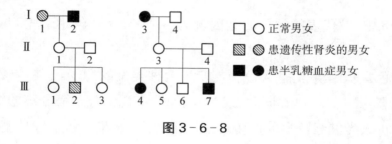

图 3 - 6 - 8

1. 根据遗传系谱图分析,半乳糖血症的遗传方式为_____。

2. 若III₁ 和III₆结婚,子女中患遗传性肾炎的概率为_____。

3. 若III₁携带半乳糖血症致病基因,则同时考虑两种遗传病,III₁的基因型是_____;
她与III₆婚配,生下一个患病孩子的概率是_____。

4. 若III₁已通过基因检测得知不携带半乳糖血症致病基因。假如你是一名遗传咨询师,
从优生角度,给予他们的建议是_____,理由是_____。

已知小明朋友患先天性丙种球蛋白缺乏症,是单基因控
制的伴性遗传病,图 3 - 6 - 9 是其家庭该遗传病的遗传系谱
图(相关基因用 A、a 表示)。

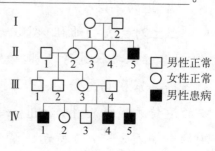

5. 先天性丙种球蛋白缺乏症的最有可能的遗传方式是
_____遗传,判断依据是:_____

_____。

图 3 - 6 - 9

6. 若 II$_1$ 与 II$_2$ 再生一个孩子,有 a 基因的概率是 _____。经诊断,II$_2$ 已怀孕,为避免患儿出生,应采取的预防措施是 _____(填字母)。

  A. B 超检查   B. 染色体形态检查

  C. 基因检测   D. 染色体数目检查

7. 该系谱图中,女性个体基因型一定相同的是   (   )

  A. I$_1$、II$_2$、III$_3$ B. I$_1$、II$_2$、IV$_2$ C. I$_1$、II$_3$、II$_4$ D. I$_1$、II$_3$、III$_3$

第 3 章   学业评价

一、水稻与育种

  袁隆平团队培育的进行自花传粉"超级稻"亩产 1 365 kg,创下了我国双季稻产量新高。研究发现水稻的 7 号染色体上的一对等位基因 Dd 与水稻的产量相关,D 基因控制高产性状,d 基因控制低产性状。水稻至少有一条正常的 7 号染色体才能存活。研究人员发现两株染色体异常稻(体细胞染色体如右图所示),请据图分析回答:

正常染色体
异常染色体

植株甲

1. 图中植株甲的变异类型是   (   )

  A. 基因突变   B. 基因重组   C. 染色体结构变异   D. 染色体数目变异

2. 请简要写出区分图中植株甲的变异类型与基因突变最简单的鉴别方法 _____

_____。

  3. 已知植株甲的基因型为 Dd,若要确定 D 基因位于正常还是异常的 7 号染色体上,请用最简单的方法设计实验证明 D 基因的位置。

  (1) _____,将产生的种子种植后观察子代植株的产量,统计性状分离比;

  (2) 若子代 _____,D 基因在 7 号正常染色体上;若子代 _____
____,D 基因在 7 号异常染色体上。

  水稻叶片宽窄受细胞数目和细胞宽度的影响,科研人员利用化学诱变剂处理野生型宽叶水稻,可诱发野生型水稻基因突变,获得水稻窄叶突变体。研究发现,窄叶突变基因位于 2 号染色体上。科研人员推测 2 号染色体上已知的三个突变基因可能与窄叶性状出现有关。这三个突变基因中碱基发生的变化如下表所示。

突变基因	I	II	III
碱基变化	C→CG	C→T	CTT→C
蛋白质	与野生型分子结构无差异	与野生型有一个氨基酸不同	长度比野生型明显变短

4. 由上表推测,基因Ⅰ的突变_____(填"会"或"不会")导致窄叶性状。基因Ⅲ突变使蛋白质长度明显变短,这是由于基因Ⅲ的突变导致_____

_____。

5. 造成基因Ⅱ突变的原因是由于碱基对_____。(填编号)

① 缺失　　　　② 增添　　　　③ 替换

6. 随机选择若干株F₂窄叶突变体进行测序,发现基因Ⅱ的36次测序结果中该位点的碱基35次为T,基因Ⅲ的21次测序结果中该位点均为碱基TT缺失。综合上述实验结果判断,窄叶突变体是由于基因_____发生了突变。

A. Ⅰ　　　　B. Ⅱ　　　　C. Ⅲ　　　　D. Ⅱ和Ⅲ同时

7. 全球变暖引起的高温胁迫会导致农作物减产,而非洲稻具有高温抗性,且与DNA上的T序列密切相关。可通过杂交,将抗热性更强的非洲稻(C品系)中T序列所在片段转移到抗热性相对较弱的亚洲稻(W品系)中,育种流程是_____。(填编号并排序)

① 筛选抗热性强的植株

② C品系和W品系植株杂交,得到杂交后代

③ 与C品系植株连续多代杂交

④ 与W品系植株连续多代杂交

二、"逆反"的减数分裂

科研人员在研究果蝇(2n=8)减数分裂过程中发现,除了存在常规减数分裂外,部分卵原细胞会发生不同于常规减数分裂的"逆反"减数分裂,"逆反"减数分裂在MⅠ(减数第一次分裂)过程中发生着丝粒的分裂和染色体的平均分配,而在MⅡ(减数第二次分裂)过程完成同源染色体的分离,过程如下图所示。

1. 果蝇在进行正常减数分裂时,染色体数减半发生的时间是_____,"逆反"减数分裂过程中染色体数减半发生的时间是_____。

2. 图中"逆反"减数分裂基因重组发生在减数分裂的_____(填编号)过程中。

① MⅠ　　　　② MⅡ

经过大量样本的统计和比对,科学家还发现"逆反"减数分裂的MⅡ中,染色体被分配到卵细胞中的概率不同,如下图所示。

3. "逆反"减数分裂可以使后代产生更多的变异,为生物进化提供更多的原材料,据下图

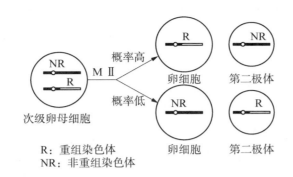

R：重组染色体
NR：非重组染色体

推测原因为 _____。

4. 在观察果蝇卵巢细胞分裂过程时,发现了某变异细胞如右图所示,该细胞的变异类型属于 _____,属于 _____(填"常规"或"逆反")减数分裂过程染色体分离异常所致。

三、"多彩"的小香猪

小香猪"天资聪颖",略通人性,成为人们的新宠。其背部皮毛颜色是由位于两对常染色体上的两对等位基因(A、a 和 B、b)共同控制的,共有四种表型:黑色($A\_B\_$)、褐色($aaB\_$)、棕色(A_bb)和白色($aabb$)。图甲为一只雌性黑色小香猪细胞中部分染色体及其上的基因示意图,图乙为该细胞处于不同分裂时期的染色体示意图。

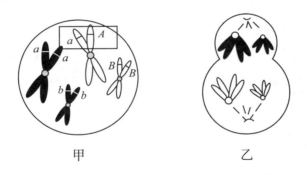

甲　　　　　　　　乙

1. 图甲细胞框中(A、a)基因的变异属于 _____,可通过减数分裂形成 _____传递给子代。

2. 图乙细胞分裂时会发生 _____(填变异类型),进而增加生物变异的多样性。

3. 染色体结构的变异会导致小香猪的毛色出现异常,下列属于染色体结构变异中易位的是（　　）

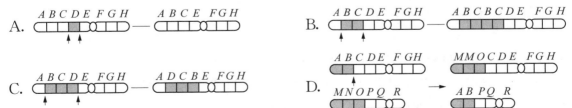

4. 下面图甲为另一只黑色小香猪($AaBb$)产生的一个初级精母细胞,1 位点为 A 基因,2 位点为 a 基因,某同学认为该现象出现的原因可能是基因突变或基因重组。

(1) 若是发生基因重组,则该初级精母细胞产生的配子的基因型是_____。

(2) 若是发生基因突变且为隐性突变,该初级精母细胞产生的配子的基因型是_____或_____。

甲　　　乙

5. 图乙细胞的小香猪可能会不育,其与图甲细胞相比发生的变异是_____,属于_____倍体,不育的原因可能是_____。

四、"特殊"的发型

中国人的发型大部分都是黑直发,但是某些人全头毛发松软、螺旋状卷曲,呈绵羊外观,被称为羊毛状发。该发型是一种先天性毛发异常疾病,其与3号染色体上的LIPH基因发生突变有关。右图是某家族羊毛状发遗传系谱图。

□ 正常男性
○ 正常女性
■ 男性患者
● 女性患者

1. 据图可知,羊毛状发的遗传方式是_____。

对图中的患者及其双亲的LIPH基因进行测序分析,发现LIPH基因有三个位点发生突变(如下图),导致相应氨基酸发生改变,图中箭头指向的是突变位点。

	第一个位点	第二个位点	第三个位点
患者	…GAGAGCTCATTCT…	…CATCCGTTCCGAC…	…ATGATCAGAGTAA…
患者父亲	…GAGAGCTCATTCT…	…CATCCGTTCCGAC…	…ATGATCAGGAGTA…
患者母亲	…GAGAGCCCATTCT…	…CATCCTTCCGAC…	…ATGATCAGAGTAA…

2. 据上图可知,LIPH基因的三个位点碱基具体变化分别是_____、_____、_____。

3. 上图中,患者父亲和母亲的LIPH基因,分别表达出的蛋白质其功能是否会有所不同? 为什么? _____。

4. 经基因检测发现,Ⅲ-7含有LIPH突变基因,则该基因来自母亲的概率是_____。

5. (多选)研究证实,羊毛状发的发生除了与LIPH突变基因有关外,还与13号染色体上的LPAR16基因、17号染色体上的KRT25基因有关。若Ⅲ-6产生了一个含有上述三种致病基因的卵细胞,则在卵细胞形成过程中必然发生 (　　)

A. LIPH基因和LPAR16基因发生交换　　　B. 同源染色体联会

C. LPAR16 基因和 KRT25 基因自由组合 　　　D. 染色单体的分离

五、基因突变与肾病

多囊肾病(PKD)是一种遗传性肾病,临床症状多为双肾多发性囊肿。如右图为 M 家庭的 PKD 遗传系谱图。研究发现,在 M 家庭中,PKD 患者的 16 号染色体上 PKD1 基因发生了突变。

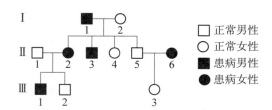

1. 据图判断,PKD 的遗传方式可能是＿＿＿＿＿＿＿＿＿＿＿＿＿＿＿＿＿＿＿＿。

2. 据 PKD 的遗传方式推测,图中 II-5 的基因型可能是＿＿＿＿＿＿＿(用 A/a 表示)。

3. 对 II-1 的 PKD1 基因测序,结果显示其体内只有一种碱基序列。若 II-1 与 II-2 再想生一个孩子,则生出携带 PKD1 异常基因的男孩的概率为＿＿＿＿＿＿＿。

4. 研究发现,与结节性硬化症(TSC)相关的正常基因 TSC2 也在 16 号染色体上。II-6 同时患 PKD 和 TSC。研究者比较了正常人 II-6 的部分染色体如下图所示。据图分析,II-6 的患病原因是　　　　　　　　　　　　　　　　　　　　　(　　)

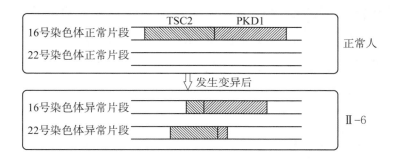

A. 16 号与 22 号染色体易位,使 PKD1 基因与 TSC2 基因突变

B. 16 号与 22 号染色体交换,使 PKD1 基因与 TSC2 基因重组

C. 16 号与 22 号染色体易位,使 PKD1 基因与 TSC2 基因重组

D. 16 号与 22 号染色体交换,使 PKD1 基因与 TSC2 基因突变

5. 若 II-1 与 II-2 计划生育一胎,为避免 PKD 患儿出生,II-2 怀孕后可采取的最有效的措施是　　　　　　　　　　　　　　　　　　　　　　　　　　　　(　　)

A. 遗传咨询　　　　B. B 超检查　　　　C. 基因检测　　　　D. 染色体分析

六、产绿壳蛋的矮小鸡种培育

绿壳鸡蛋因蛋黄比例大、蛋白黏稠、营养丰富,深受消费者欢迎。决定绿壳的基因 A 位于常染色体上,对其他蛋壳颜色基因为完全显性。矮小基因 dw 纯合较含 DW 基因的正常成年鸡体重轻 20%～30%,节粮 20% 左右。一养殖场欲利用杂种优势培育高产矮小且产绿壳蛋的鸡种,科研人员首先用当地产非绿壳蛋的矮小母鸡和纯合的含绿壳基因的正常公鸡培育了基因型为 $AAZ^{dw}Z^{dw}$ 的公鸡种,育种方案如下图所示:

1. 请写出 F₂ 的最佳基因型:♂＿＿＿＿＿＿＿,♀＿＿＿＿＿＿＿。

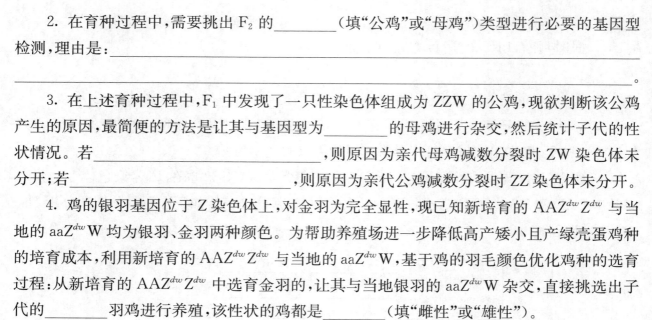

2. 在育种过程中，需要挑出 F₂ 的_____（填"公鸡"或"母鸡"）类型进行必要的基因型检测，理由是：_____
_____。

3. 在上述育种过程中，F₁ 中发现了一只性染色体组成为 ZZW 的公鸡，现欲判断该公鸡产生的原因，最简便的方法是让其与基因型为_____的母鸡进行杂交，然后统计子代的性状情况。若_____，则原因为亲代母鸡减数分裂时 ZW 染色体未分开；若_____，则原因为亲代公鸡减数分裂时 ZZ 染色体未分开。

4. 鸡的银羽基因位于 Z 染色体上，对金羽为完全显性，现已知新培育的 $AAZ^{dw}Z^{dw}$ 与当地的 $aaZ^{dw}W$ 均为银羽、金羽两种颜色。为帮助养殖场进一步降低高产矮小且产绿壳蛋鸡种的培育成本，利用新培育的 $AAZ^{dw}Z^{dw}$ 与当地的 $aaZ^{dw}W$，基于鸡的羽毛颜色优化鸡种的选育过程：从新培育的 $AAZ^{dw}Z^{dw}$ 中选育金羽的，让其与当地银羽的 $aaZ^{dw}W$ 杂交，直接挑选出子代的_____羽鸡进行养殖，该性状的鸡都是_____（填"雌性"或"雄性"）。

第 **4** 章　生物的进化

第 1 课　多种证据表明生物具有共同祖先

内容出处

普通高中教科书必修 2 第 4 章第 1 节。

课标要求

1. 内容要求：(1)尝试通过化石记录、比较解剖学和胚胎学等事实，说明当今生物具有共同的祖先。(2)尝试通过细胞生物学和分子生物学等知识，说明当今生物在新陈代谢、DNA 的结构与功能等方面具有许多共同特征。

2. 学业要求：分析不同类型的证据，探讨地球上现存的丰富多样的物种是由共同祖先长期进化形成的。

学习目标

1. 尝试通过化石、胚胎学、比较解剖学、细胞生物学和分子生物学等进化证据，说明当今生物具有共同的祖先。

2. 通过对生物进化证据的分析、归纳和演绎，认识生物界的统一性和差异性，形成生物进化的观念。

评价任务

表 4 - 1 - 1

评 价 内 容	等第（在对应的等第内打√）			
	优秀	良好	合格	不合格
1. 学会分析化石的同位素测年法				
2. 分析不同时期马的化石，总结马进化的规律				

(续表)

评 价 内 容	等第(在对应的等第内打√)			
	优秀	良好	合格	不合格
3. 举例说明同源器官和痕迹器官的差别				
4. 举例说明不同生物细胞间的异同点				
5. 分析不同生物细胞色素 c 的差异,从进化角度归纳其规律				
6. 课后检测、课后反思的完成情况				

学习过程

─── 学习建议 ───

1. 本学习内容的地位和作用

本节课的内容为本章第1节,旨在解决当今生物具有共同祖先的证据有哪些以及如何对这些证据进行分析和解释。本章第1节安排了直接、间接、微观三个层次的证据,帮助学生通过对这些证据的分析、归纳和演绎,理解生物界的统一性和差异性,并理解这些证据在探究生物进化历程中的作用,形成生物进化的观念。

2. 学习路径

如图 4-1-1。

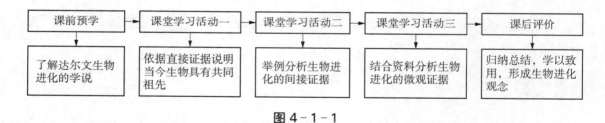

图 4-1-1

3. 学习重点和难点

分析化石、胚胎学、比较解剖学、细胞生物学和分子生物学等证据,推理演绎当今生物具有共同的祖先是本节课的学习重点;比较分析、归纳演绎当今生物在新陈代谢、DNA 结构与功能等方面具有许多共同特征,认识生物界的统一性和差异性,形成生物进化的观念,是本节课的学习难点。

4. 评价标准

完成课前预学任务,了解达尔文生物进化的学说。

完成课堂学习活动一,总结生物进化的规律。

完成课堂学习活动二,通过胚胎比较和同源器官的比较等进化证据,说明当今生物具有共同的祖先。

完成课堂学习活动三,说明当今生物具有共同的祖先,认同生物界的统一性和差异性。

—课前预学—

(时间:10 min)

任务:阅读资料,回答下列问题。

达尔文在《物种起源》一书中明确提出,地球上的当今生物都是由共同祖先进化来的,人和猿有共同的祖先。这一论断给当时占统治地位的"神创论"带来了巨大冲击,有人在漫画中把达尔文画成半人半猴的形象(如图4-1-2),以此发泄对达尔文的不满。直到今天,仍有人对"共同由来学说""人猿共祖说"持排斥态度。

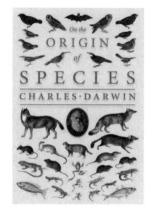

图4-1-2

达尔文的生物进化论主要由两大学说组成:共同由来学说和自然选择学说。前者指出地球上所有的生物都是由原始的共同祖先进化来的;后者揭示了生物进化的机制,解释了适应的形成和物种形成的原因。

1. 请查阅资料,列举反对"共同由来学说"的证据?

2. 请列举支持达尔文观点的证据?

—课堂学习—

活动一:说明化石为生物进化研究提供了直接证据(达成学习目标1、2,对应评价任务1、2)

1. 阅读课本P93第1~3段内容,观察图4-1-3中不同类型的化石图片,完善化石概念。

A. 恐龙骨骼化石　　　　　　　B. 恐龙蛋化石　　　　　　　C. 恐龙脚印化石

图 4-1-3

化石:是在特殊条件下,保存于地层中的_____、_____,以及它们的_____。生物的卵、_____,甚至_____、_____都能以类似的方式形成化石。

2. 阅读课本 P92 内容,计算化石中 ^{14}C 的放射性衰减一半约需要多少年? 如果化石中 ^{14}C 的放射性衰减至 1/8 约需要多少年?

3. 试从化石形成的角度分析,经 ^{14}C 检测,如何根据生物化石的年龄推断该生物生存的年代? 对于长达若干万年甚至上亿年的化石而言, ^{14}C 测年法可能存在哪些不足之处?

4. 图 4-1-4 是不同时期马的化石的资料卡。

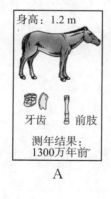    

| 身高: 1.2 m 牙齿 前肢 测年结果: 1300万年前 | 身高: 1.5 m 牙齿 前肢 测年结果: 200万年前 | 身高: 0.6 m 牙齿 前肢 测年结果: 3600万年前 | 身高: 0.3 m 牙齿 前肢 测年结果: 5800万年前 | 身高: 0.9 m 牙齿 前肢 测年结果: 2500万年前 |

A　　　　　　B　　　　　　C　　　　　　D　　　　　　E

图 4-1-4

(1) 请对不同时期马的化石进行排序,并说出你的排序依据。

(2) 请对化石进行比较和分析,说出马在形态结构上的变化过程。

（3）尝试推测：为什么马的形态随着时间的推移而表现出定向的变化过程呢？

5. 阅读课本 P93 第 4 段内容，并观察图 4－1－5（图中标出了部分物种已知的最古老化石所对应的地质年代），总结生物演变规律。

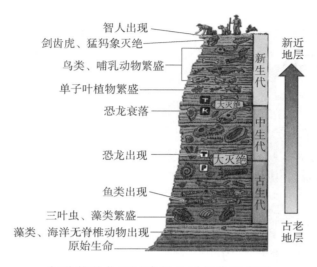

部分物种化石对应的地质年代示意图

图 4－1－5

活动二：分析资料，说明胚胎学和比较解剖学为生物进化研究提供了间接证据（达成学习目标 1、2，对应评价任务 3）

1. 比较图 4－1－6 中几种脊椎动物胚胎发育的模式图，发现它们在胚胎发育早期存在许多相似之处，你能给出一个合理的解释吗？

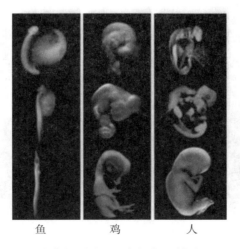

| 鱼 | 鸡 | 人 |

几种脊椎动物胚胎发育的模式图

图 4－1－6

2. 比较图 4－1－7 中人的上肢与龟、马、蝙蝠、海豹的前肢以及鸟翼，可以看到它们在外形和功能上差异很大，但_____的排列方式却具有很高的相似性。它们都由_____发育而来。科学家将这种在发生上有共同来源,而在形态和功能上不完全相同的器官称为_____。

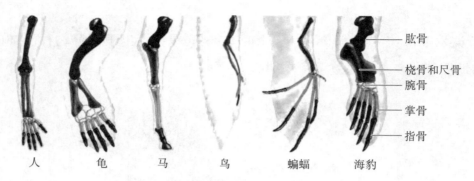

几种动物的前肢骨骼结构比较模式图

图 4-1-7

(1) 生物具有同源器官说明了什么?

(2) 如何通过同源器官推断生物间的亲缘关系?

(3) 同源器官出现形态和功能差异的原因是什么?

3. 比较解剖学为生物进化提供的另一方面的证据是_____,它是指生物体内存在但_____。

活动三:尝试通过细胞生物学和分子生物学微观证据,说明当今生物在新陈代谢、DNA的结构与功能等方面具有许多共同特征(达成学习目标1、2,对应评价任务4、5)

1. 观察 4-1-8 中各种生物细胞的形态差异

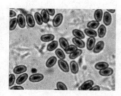 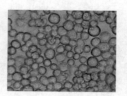 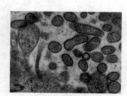 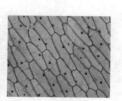

A. 鸽子红细胞　　　B. 蝴蝶细胞　　　C. 兔子胃部细胞　　　D. 洋葱表皮细胞

高倍镜下不同生物的细胞

图 4-1-8

(1) 请比较上图 4 种生物的细胞,它们在结构上有何共同点?这说明了什么?

（2）不同动物的细胞之间差异较小,而动物细胞与植物细胞之间的差异较大,这说明了什么?

2. 资料分析。

资料 1:细胞色素 c 是参与有氧呼吸中的电子传递过程的蛋白质之一,普遍存在于真核生物细胞,由 104 个氨基酸组成。科学家比较了人类与部分生物细胞色素 c 的氨基酸差异,结果如表 4-1-2 所示。

表 4-1-2

生物名称	氨基酸差异数
黑猩猩	0
猕猴	1
马	12
鸡	13
金枪鱼	21
小麦	35
链霉菌	43
酵母	44

（1）据表分析,不同物种细胞色素 c 的结构完全相同吗? 为什么?

（2）分析表中数据,从生物进化的角度,你能得出什么样的结论?

（3）比较蛋白质中的_____或比较核酸中的_____可以反映生物间的亲缘关系远近,我们把这类发生恒速变化的蛋白质或 DNA 称为_____。

资料 2:图 4-1-9 为人、旧大陆猴与黑猩猩部分基因的碱基序列差异百分率和进化历程中分支时间的关系图。回答下列问题:

（4）大猩猩-黑猩猩部分基因的碱基序列差异:2.2%,大猩猩与黑猩猩进化历程中分支时间为_____。

（5）猩猩-黑猩猩部分基因的碱基序列差异:3.6%,猩猩与黑猩猩进化历程中分支时间为_____。

（6）长臂猿-黑猩猩部分基因的碱基序列差异:4.9%,长臂猿与黑猩猩进化历程中分支时间为_____。

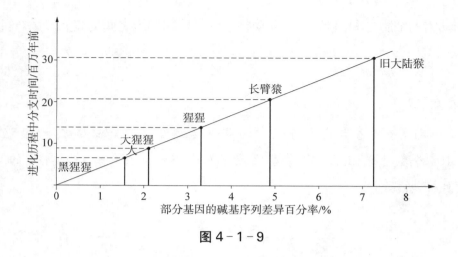

图 4-1-9

课后检测

生物进化的证据

2022年诺贝尔生理学或医学奖被颁发给瑞典进化遗传学家斯万特·帕博,以表彰他在已灭绝古人类基因组和人类进化方面的发现。斯万特·帕博通过他的开创性研究,对已经灭绝的尼安德特人的基因组(包括线粒体 DNA,Y 染色体 DNA 和核 DNA)进行了测序,证实了亚非欧人种之间存在紧密联系(发现生活在非洲之外的现代人体内都有1%~4%的尼安德特人基因,现代人的线粒体和 Y 染色体基因中则没有发现尼安德特人基因)。他的另一成果是通过尼安德特人和丹尼索瓦人直接杂交产生的后代的骨头,确认了丹尼索瓦古人的存在。现代智人起源于非洲的观点,得到更多证据的支持。研究者从古代尼安德特人标本中提取 DNA进行测序,发现了之前未知的 DNA 序列。比较来自世界各地不同地区的多个现代人之间,以及现代人与尼安德特人、黑猩猩之间该未知 DNA 序列的碱基对差异,结果如图 4-1-10。

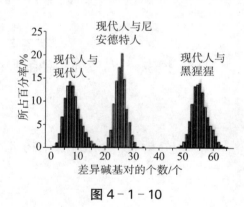

图 4-1-10

1. 下列相关叙述不合理的是　　　　　　　　　　　　　　　　　　(　　)

A. 现代人之间的 DNA 序列也存在差异

B. 现代人与黑猩猩的 DNA 序列差异最大

C. 据图可判定现代人与尼安德特人为两个物种

D. 图中结果为人类的进化提供了分子生物学证据

2. 下列有关生物进化的叙述错误的是　　　　　　　　　　　　　　(　　)

A. 现代人线粒体和 Y 染色体无尼安德特人基因的原因是它们分别为母系遗传和父系遗传

B. 不同生物的 DNA 和蛋白质等生物大分子的差异可以揭示物种亲缘关系的远近

C. 测定现代人类和已灭绝古代人类基因的核苷酸序列,是生物进化的分子水平证据

D. 现代人类和已灭绝古代人类的基因存在差异的原因是变异具有随机性、不定向性

3. 研究团队在山洞里发现了尼安德特人和丹尼索瓦人的直接杂交后代,通过对大量化石的基因测序,发现他们的混血后代存活了下来,并将基因遗传给了下一代。该团队还进一步分析比较了现代人和上述已经灭绝的人类之间的线粒体 DNA 差异。下列说法错误的是 (　　)

A. 化石是研究生物进化最直接、最重要的证据

B. 线粒体 DNA 上的基因控制生物性状的遗传不遵循孟德尔遗传定律

C. 尼安德特人和丹尼索瓦人之间形成了生殖隔离

D. 古人类进化成现代人实质是种群基因频率定向改变的过程

4. 研究表明,生物是经长期进化形成的。图 4-1-11 为四个物种的进化关系树,图中百分数表示各物种与人类的 DNA 相似度。下列有关说法错误的是 (　　)

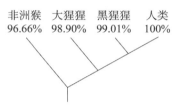
图 4-1-11

A. 四个物种有共同的原始祖先

B. 非洲猴与人类的亲缘关系最远

C. 环境的改变是生物进化的根本原因

D. DNA 分子杂交技术可确定生物间亲缘关系

5. 线粒体 DNA 中的基因_____(填"遵循"或"不遵循")孟德尔遗传定律,除了线粒体外,真核细胞内含有少量 DNA 的细胞器还有_____。

6. 1974 年,古人类学家在埃塞俄比亚阿尔法地区发现了距今 300 万年至 360 万年的人亚科化石。对其骨骼进行分析表明,她既能直立行走,又是一个树木攀缘者。这为人类进化提供了 (　　)

A. 胚胎学证据　　　　　　　　　　B. 比较解剖学证据

C. 生物化学证据　　　　　　　　　　D. 古生物化石证据

7. 人类进化过程中,基因 R 在某个种群中出现的比例增加,而基因 E 在该种群中出现的比例减小,则该种群中更容易在当时的环境中生存的个体携带_____(填"R"或"E")基因。

8. (多选)现今的人类通常可划分为 4 个人种,即黄色人种(蒙古利亚人)、白色人种(高加索人)、黑色人种(尼格罗人)和棕色人种(澳大利亚人)。下列说法正确的是 (　　)

A. 4 个人种之间在遗传上是开放的,不存在生殖隔离

B. 黄色人种和白色人种属于不同的物种

C. 人类的进化与环境变化密切相关

D. 4 个人种之间的差异体现的生物多样性,有利于人类适应环境变化长期生存

9. 我国地域辽阔,古生物化石种类繁多,在生物进化的研究中起着非常重要的作用。下面是我国发现的一些著名的化石群:澄江生物化石群、热河生物化石群、山旺生物化石群、和

政生物化石群、关岭生物化石群等。请任选一个化石群或当地已发现的化石群,查找相关资料,向全班同学介绍该化石群中主要的化石,以及该化石群的发现在研究生物进化中的重要意义。

———课 后 反 思———

1. 请自主梳理本节课的知识结构。(如用思维导图或概念图的方式)

2. 还存在哪些知识疑惑,或还需要解决的问题有哪些?(结合重难点和易错点)

第 2 课　生物进化理论在不断发展(上)

内容出处

普通高中教科书必修 2 第 4 章第 2 节。

课标要求

1. 内容要求:(1)举例说明种群内的某些可遗传变异将赋予个体在特定环境中的生存和繁殖优势。(2)阐明具有优势性状的个体在种群中所占比例将会增加。(3)说明自然选择促进生物更好地适应特定的生存环境。

2. 学业要求:基于生物进化现象,解释生物对环境的适应是自然选择的结果。

学习目标

1. 分析资料,基于拉马克和达尔文的观点,分别解释特定的生物进化现象。

2. 完成阅读任务,归纳达尔文"自然选择学说"的要点,建构"自然选择学说的概念模型",尝试基于该模型解释生物进化现象。

3. 探讨细菌耐药性与抗生素使用的关系,准确辨析变异和选择的关系。

评价任务

表 4－2－1

评　价　内　容	等第(在对应的等第内打√)			
	优秀	良好	合格	不合格
1. 以长颈鹿的进化为例,比较并说明拉马克和达尔文学说对同一进化现象的理解差异				
2. 阅读课本相关内容,提炼要点构建"自然选择学说"的概念模型				
3. 分析科格伦岛上昆虫翅膀的进化现象,说明变异的有利与否是相对环境而言的				
4. 探讨细菌耐药性与抗生素使用的关系,准确辨析变异和选择的关系				
5. 课后检测、课后反思的完成情况				

学习过程

—— 学习建议 ——

1. 本学习内容的地位和作用

本节课承接"多种证据表明生物具有共同祖先",介绍了拉马克和达尔文对生物的适应现象的解释,逐步在相关进化证据的基础上建构达尔文进化理论框架。同时,为学生学习多学科交叉融合形成的现代进化理论打下基础。

2. 学习路径

如图 4－2－1。

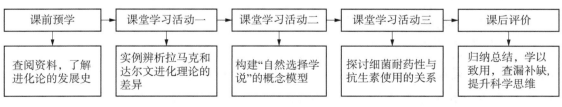

图 4－2－1

3. 学习重点和难点

学习重点是分析总结达尔文"自然选择学说"的四个要点,并构建概念模型;难点是基于进化与适应观,探讨细菌耐药性与抗生素使用的关系,辨析变异和选择的关系。可以通过构建模型,梳理相关知识的逻辑联系来突破难点。

4. 评价标准

完成课堂学习活动一,能够分别基于拉马克和达尔文的观点对长颈鹿的进化进行解释,并区分不同点。

完成课堂学习活动二,通过阅读资料,归纳达尔文"自然选择学说"中的要点,构建"自然选择学说"的概念模型,并解释科格伦岛上昆虫翅膀的进化现象。

完成课堂学习活动三,探讨细菌耐药性与抗生素使用的关系,说明变异是选择作用的原材料,决定了物种进化的方向。

（时间:5 min）

任务一:查找资料,法国博物学家拉马克提出"用进废退""获得性遗传"的进化学说,对"神创论"统治时代有着怎样的冲击?

任务二:查找资料,达尔文的"自然选择学说"和拉马克的"用进废退学说",对生物适应环境的解释有所不同。你更支持哪一种观点,为什么?

活动一:以长颈鹿的进化为例,阐述拉马克和达尔文的不同观点（达成学习目标1,对应评价任务1）

资料1:拉马克的进化理论:①器官用进废退的观点,即某种器官用得越频繁就会越强壮、越发达;某种器官如果经常不用,其功能就会不断衰退,器官本身也会退化直至消失。②获得性状遗传的观点,即生物个体在环境的长时间作用影响下获得或失去的任何性状,如果由此产生的变异双亲都具有,那么就可以遗传给后代。

资料2:达尔文是英国的博物学家,他曾随英国海军勘探船"贝格尔号",做了历时五年的环球航行考察,在动植物和地质等方面进行了广泛的观察,并采集了大量的生物标本和矿物标本,经过深入研究,形成了生物进化的观点。终于在1859年出版了震动当时学术界的巨著《物种起源》。达尔文对于长颈鹿的进化也做了解释,可以用图4-2-3表示。

1. 基于拉马克的观点,结合图4-2-2解释长颈鹿的进化过程。

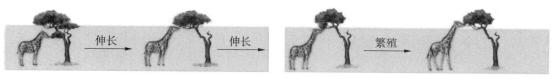

图 4-2-2

2. 基于达尔文的观点,结合图 4-2-3 解释长颈鹿的进化过程。

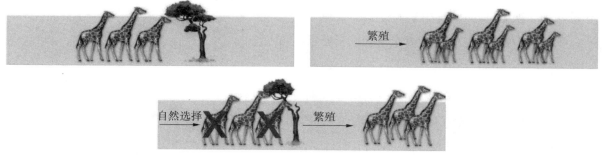

图 4-2-3

活动二:构建"自然选择学说"概念模型(达成学习目标 2,对应评价任务 2、3)

1. 阅读课本 P100"'自然选择学说'解释了生物的适应现象"的相关内容,完善图 4-2-4 中的概念模型。

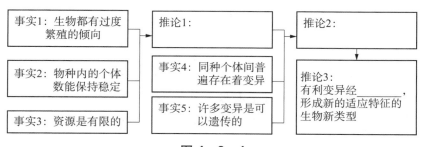

图 4-2-4

资料 3:如图 4-2-5 所示,在内陆,长翅的昆虫具有较强的飞行能力,有利于它们觅食和躲避天敌。而在远离大陆的科格伦岛上,由于经常刮海风,使得有翅昆虫在飞翔时容易被吹离海岛而死亡;无翅或翅不发达的昆虫紧紧趴在岩石上,反而不容易被风吹走,获得了更多的生存机会。

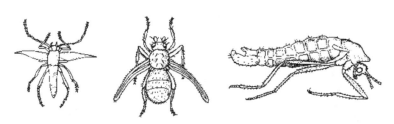

图 4-2-5

2. 在科格伦岛的特定环境下,翅已经退化的昆虫作为一种"有利变异"被保留下来。你如何看待某一个变异是有利的还是不利的?

活动三:探讨细菌耐药性与抗生素使用的关系(达成学习目标3,对应评价任务4)

资料4:临床实践发现,随着青霉素的用量不断增加,细菌的耐药性也在增强,进而迫使注射剂量再次增加。青霉素的有效一次注射剂量从最初的10万~20万单位,上升到目前800万单位以上。与之类似,其他抗生素的用量也在增长。同时发现,耐药菌的比例在逐年增加(图4-2-6)。据相关报告,17种细菌感染已无法用标准的抗生素进行治疗,其中大部分病菌被认为对公共健康构成紧急或严重威胁。

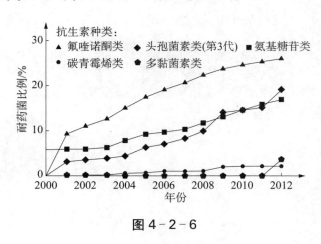

图4-2-6

资料5:细菌在含有足量营养物质的基质上(培养基)能生长良好,在固体培养基上则能长出菌落(细菌大量繁殖所出现的肉眼可见的集合)。如果在固体培养基中加入抗生素,则只有耐药性细菌能生长良好并形成菌落。

(1) 研究人员将对链霉素(一种抗生素)敏感的大肠杆菌涂布在不含链霉素的培养基平板①上,待其长出密集的小菌落后,原位(即按各菌落在平板①上的位置)接种到不含链霉素的培养基平板②上,随即再原位接种到含有链霉素的培养基平板③上。

(2) 对培养皿②和③进行比较,在平板②上找到与平板③上相对应的抗性菌落,挑取其中一个菌落接种至不含链霉素的培养液④中,经培养后,再涂布在平板⑤上。

(3) 如图4-2-7所示,重复以上各步骤,最后若将试管⑫中的细菌接种到平板上,则可获得较纯的抗性菌落。

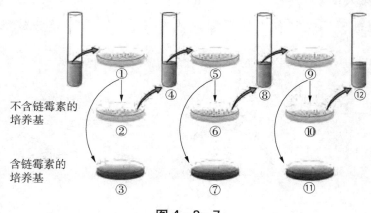

不含链霉素的培养基

含链霉素的培养基

图4-2-7

1. 培养基③⑦的作用是什么?

2. 培养基③上的菌落比②少很多,原因是什么?

3. 资料 5 中实验证明细菌耐药性产生的原因是什么? 尝试用进化理论解释这一现象。据此推断,如果有人从未使用过抗生素,他某次患病时感染的细菌会具有耐药性吗? 为什么?

4. 从进化角度分析,为什么抗生素的用量越来越大? 细菌耐药与抗生素滥用有怎样的关系?

——课后检测——

一、采花蜜的小蜜蜂

蜜蜂是一种传粉昆虫,它的舌管(吻)较长,适于采集不同花的花蜜,且周身长着绒毛,便于黏附花粉,这是长期进化的结果,我国现有的东方蜜蜂由 7 个独立种群组成,它们生活在不同地区,存在不同的变异。

1. 拉马克认为生物不断进化的主要原因是 ( )

A. 不定向变异和定向的自然选择　　B. 基因突变和染色体变异

C. 用进废退和获得性遗传　　D. 器官的反复使用

2. 达尔文认为任何一个物种都在不断进化发展,对生物进化的方向起决定作用的是

( )

A. 变异和遗传　　B. 生存斗争　　C. 过度繁殖　　D. 自然选择

3. 根据自然选择学说判断,蜜蜂进化出舌管(吻)较长、周身长着绒毛是长期进化的结果,当蜜蜂处在一个环境变化剧烈的生态系统中,生存机会相对多的是 ( )

A. 繁殖速度快的种群　　B. 个体体积大的种群

C. 食性复杂的种群　　D. 变异性强的种群

研究发现,7 个蜜蜂种群中都存在白细胞激肽受体基因(Lkr),但不同种群蜜蜂这一基因的表达程度存在明显差异。为研究 Lkr 在蜜蜂适应环境中的作用,研究人员将 X 基因转入实验组蜜蜂体内,该其因可使 Lkr 的表达产物减少,检测蜜蜂对蔗糖发生反应的最低浓度,实验结果如图 4-2-8 所示。

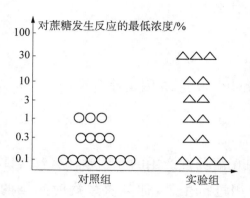

注:(1)图形"○""△"代表蜜蜂个体;

　　(2)图形的数目代表蜜蜂个体数量。

图4-2-8

4.(多选)对糖敏感性强的蜜蜂倾向于采集花粉为食,反之则倾向于采集花蜜为食。温带地区植物开花呈现明显的季节性,而热带地区常年开花,花粉充足。根据图中实验结果和题干信息分析,以下叙述错误的是 （　　　）

A. Lkr 基因与蜜蜂对糖的敏感性有关

B. Lkr 基因表达程度不同是定向变异的结果

C. 温带蜜蜂种群的 Lkr 基因表达程度比热带地区高

D. 不同地区的气候、植物种类、植物花期等主导了蜜蜂进化的方向

二、达尔文与加拉帕戈斯群岛地雀

1831 年,年仅 22 岁的达尔文在加拉帕戈斯群岛仔细考察了所到之地动植物的化石,发现许多现象是传统观点难以解释的。通过大量的观察和思考,最终他坚信生物是不断进化的,并提出了自然选择学说。

1. 以加拉帕戈斯群岛上的地雀为例,请完成图 4-2-9 中达尔文自然选择学说的模型。

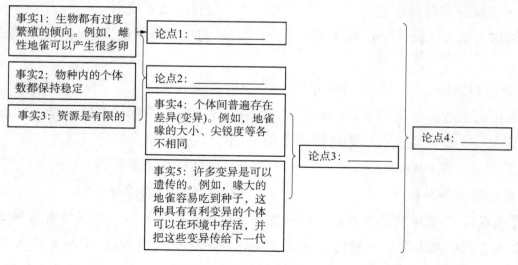

图4-2-9

加拉帕戈斯群岛上生活着 13 种不同的地雀,其亲缘关系如图 4-2-10 所示,图中的分支越晚,表示亲缘关系越近,例如中地雀与大地雀亲缘关系较近,与小地雀亲缘关系较远。这些地雀喙的形状和大小各不相同,不同的喙适合摄取不同的食物。图中自上而下,从大地雀到仙人掌地雀都生活在比较干燥的区域,以种子为食;从食芽雀到啄木鸟雀都生活在比较湿润的区域,食芽雀以树木枝条上的芽为食,其他的地雀以昆虫为食;最后的刺嘴雀生活在矮灌木丛中,以小昆虫为食。

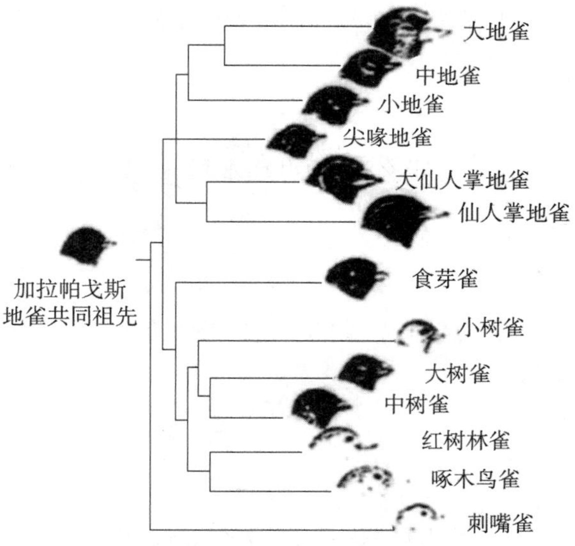

图 4-2-10

2. 由图可以看出,由共同祖先进化成 13 种地雀。在此过程中,可遗传的变异为进化提供了原材料,这体现了变异的哪种特点　　　　　（　　）

　　A. 多方向性

　　B. 不可逆性

　　C. 定向性

　　D. 高频性

3. 据题意分析,图中自上而下,从大地雀到仙人掌地雀喙的大小和形状不同,环境中对其进行选择的主要因素是　　　　　　　　（　　）

　　A. 昆虫大小　　　　B. 叶片大小　　　　C. 芽的大小　　　　D. 种子大小

4. 据图分析,下列相关叙述正确的是　　　　　　　　　　（　　）

　　A. 群岛上 13 种地雀的存在是经过长期自然选择而形成的

　　B. 不同的食物导致地雀产生不同的可遗传变异

　　C. 小地雀和尖喙地雀喙形相似,亲缘关系最近

　　D. 群岛上进化出 13 种地雀的现象说明自然选择在一定程度下是不定向的

三、渐变式物种形成的基本环节

物种的形成有多种方式,既有类似寒武纪"物种大爆发"的骤变式,也有依赖长期隔离的渐变式。图 4-2-11 是渐变式形成新物种的模式图,据图作答。

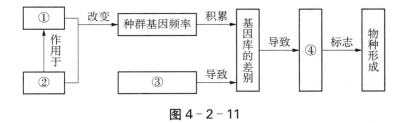

图 4-2-11

1. 物种形成的三个环节是什么？图中①②③④分别是什么？

2. 为什么进化的基本单位是种群而不是个体？

3. 自然选择的实质是什么？自然选择作用的直接对象、间接对象、根本对象分别是什么？

4. 共同进化概念中的"相互影响"的内涵指什么？

5. 试从分子水平和进化角度解释生物多样性的原因是什么？

— 课后反思 —

1. 请自主梳理本节课的知识结构。（如用思维导图或概念图的方式）

2. 还存在哪些知识疑惑，或还需要解决的问题有哪些？（结合重难点和易错点）

第3课 生物进化理论在不断发展（下）

内容出处

普通高中教科书必修2第4章第2节。

课标要求

1. 内容要求:(1)说明自然选择促进生物更好地适应特定的生存环境,适应是自然选择的结果。(2)概述现代生物进化理论以自然选择学说为核心,为地球上的生命进化史提供了科学的解释。

2. 学业要求:基于可遗传的变异,以及变异可能带来的生存与繁殖优势等方面的实例,解释生物的适应是自然选择的结果。

学习目标

1. 能区分个体与种群在生命延续过程中的区别,理解种群是生物进化的基本单位。

2. 从生物大分子结构与功能相适应的角度,运用演绎推理等科学思维,解释可遗传变异为自然选择提供了丰富的素材。

3. 运用数学建模探究自然选择的作用,并理解生物进化是以基因频率的改变为量化指标。

4. 结合实例阐述生物进化形成新物种的环节。

评价任务

表4-3-1

评价内容	等第(在对应的等第内打√)			
	优秀	良好	合格	不合格
1. 完成课前预学,温故知新,复习巩固达尔文的自然选择学说				
2. 完成课堂学习活动一,小组合作讨论,回答问题串,并得出种群是生物进化基本单位的结论				
3. 完成课堂学习活动二,回顾基因突变、基因重组、染色体变异的相关内容,归纳可遗传变异为自然选择提供丰富的素材				
4. 完成课堂学习活动三,感悟自然选择主导生物进化的方向,同时理解生物进化的实质是种群基因频率改变				
5. 完成课堂学习活动四,运用现代进化理论初步描述新物种形成的过程				

学习过程

— 学 习 建 议 —

1. 本学习内容的地位和作用

本节课内容是多学科交叉融合形成了现代生物进化理论。课本介绍了种群是生物进化的基本单位,通过分析基因频率和基因型频率,从本质上解释了突变和选择对进化的作用,并明确了基因频率和基因型频率是衡量种群进化的量化指标。基因突变、基因重组和染色体变异等可遗传的变异增加了生物表型种类,为自然选择提供了丰富素材。课本以案例形式阐述了地理隔离的本质及其在物种形成中发挥的作用。

2. 学习路径

如图4-3-1。

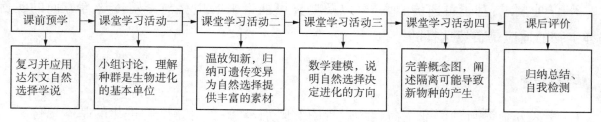

图4-3-1

3. 学习重点和难点

学习重点是现代生物进化理论对生物适应环境现象的解释,难点是自然选择对种群基因频率的影响。

4. 评价标准

完成课前预学,温故知新,复习巩固达尔文的自然选择学说。

完成课堂学习活动一,小组合作讨论,回答问题串,并得出种群是生物进化基本单位的结论。

完成课堂学习活动二,回顾基因突变、基因重组、染色体变异的相关内容,归纳可遗传变异为自然选择提供丰富的素材。

完成课堂学习活动三,通过建立数学模型或计算机模拟,基于数据说明自然选择决定生物进化的方向。

完成课堂学习活动四,结合情境,完善概念图,并阐述隔离可能导致新物种的产生。

(时间:5 min)

任务:在一片农田中,如果在灰色翅蝗虫的群体中偶然出现少数绿色翅蝗虫的变异个体。根据达尔文的自然选择学说,推测未来该农田中绿色翅蝗虫的比例会如何变化,请完善图4-3-2,并作出解释。

图4-3-2

活动一:小组讨论,理解种群是生物进化的基本单位(达成学习目标1,对应评价任务2)

资料1:在一片农田中,灰色翅蝗虫的群体中偶然出现了少数绿色翅蝗虫的变异个体。蝗虫是蝗科蝗属的昆虫动物,全身通常为绿色、灰色、褐色或黑褐色,蝗虫几乎都有典型的保护色,平时多数栖息于植物丛间。

1. 该绿色翅蝗虫能一直在该农田生存下去吗?

2. 该绿色翅蝗虫的绿色性状是怎么传给子代呢?

归纳:种群是指生活在_____内_____的个体集合,彼此可以以交配等形式进行繁殖,从而将基因(包括发生了突变的基因)传递给后代。

3. 判断以下生物类群是否属于种群

(1) 一个池塘中的全部鱼　　　　(　　　)　(2) 一个池塘中的全部鲤鱼　(　　　)

(3) 两个池塘内的全部青蛙　　　(　　　)　(4) 一片草地上的全部植物　(　　　)

(5) 一片草地上的成年梅花鹿　(　　　)

活动二:温故知新,归纳可遗传变异为自然选择提供丰富的素材(达成学习目标2,对应评价任务3)

1. 如图4-3-3,回忆并解释果蝇不同眼色产生的原因,参考课本完善下述填空。

　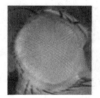　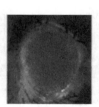　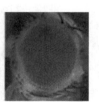

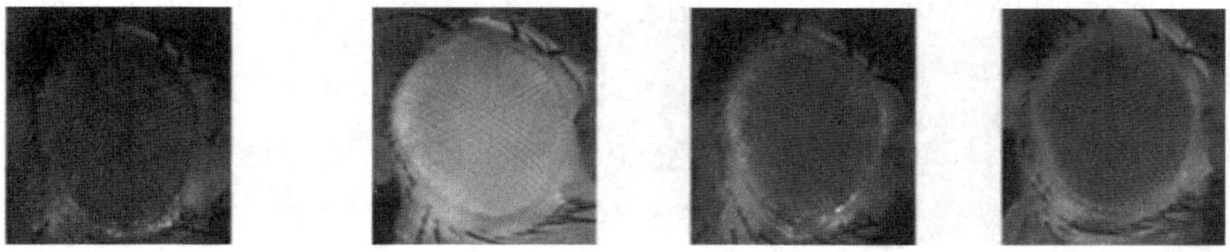

野生型红眼(W^+)　　　　白眼(w)　　　　杏眼(W^a)　　　　曙红眼(W^e)

图4-3-3

对于某一个基因而言,可能发生突变的碱基位点有_____个,突变的形式有_____种,可见基因突变时可以向_____的方向发生,产生不同的_____种_____基因,并有可能导致该性状的表型发生_____。

2. 如图4-3-4,回忆并解释果蝇在F_2产生重组表型的原因,参考课本完善下述填空。

染色体的_____可引起非等位基因的_____,增加了基因型的_____数,导致该性状的表型发生_____。

3. 如图4-3-5,回忆并解释果蝇棒眼形成的原因。

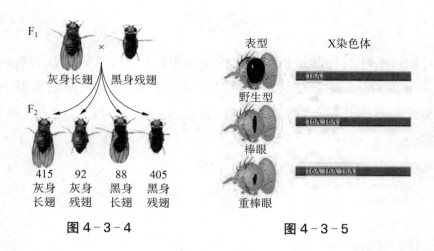

图 4-3-4　　　　　　　　　图 4-3-5

像果蝇棒眼这样因为染色体片段_____等导致的染色体_____,也可能产生新的表型。

归纳:在同一种群中,个体携带的该物种特定的基因基本相同,但_____、_____和_____等都可能导致个体的某些性状发生_____,这些极大地丰富了自然选择的_____。

活动三:数学建模,说明自然选择决定进化的方向(达成学习目标3,对应评价任务4)

资料2:假设某地蝗虫群体满足以下五个条件:①群体数量足够大;②全部的雌雄个体间都能自由交配并能产生后代;③没有迁入与迁出;④蝗虫的体色有绿色和褐色两种类型,其中 A 决定绿色,a 决定褐色,AA、Aa、aa 三种基因型的蝗虫生存能力完全相同(也就是说自然选择对 A、a 控制的体色性状无作用);⑤该群体没有基因突变和染色体变异

1. 在该蝗虫群体中随机诱捕 100 只个体,测得基因型 AA、Aa、aa 的个体分别是 1、18、81 只。请推测该种群中 A 和 a 的基因频率,AA、Aa、aa 的基因型频率、表型的频率。

2. 在上题的基础上,若该蝗虫群体中的雌雄个体自由交配,请在表 4-3-2 中填写子一代和子二代蝗虫的基因型频率、基因频率和表型频率。

表 4-3-2

		子一代	子二代
基因型频率	AA		
	Aa		
	aa		
基因频率	A		
	a		
表型频率	褐色		
	绿色		

归纳:在不考虑基因突变、选择、迁移等事件的前提下,种群的基因频率、基因型频率和表型频率_____发生改变。这种理想中的种群被称为_____。

资料 3:桦尺蛾是一种夜间活动的蛾子,白天栖息在树干上。它有浅色和黑色两种类型,杂交试验表明黑色是由显性基因(S)控制的。原先由于浅色型与树干上的地衣颜色相似,不易被鸟类啄食,而成为环境的适应者,黑色则是罕见的。可在工业革命后,欧洲某些工业区的桦尺蛾多数是黑色的。图 4-3-6 是栖息在不同颜色树干上的桦尺蛾。

图 4-3-6

备注:有计算机条件的学校,可以参考课本 P106 探究·建模实验 4-2"模拟自然选择对种群基因频率的影响",选择计算机来完成实验。

1. 假设在工业污染的影响下,种群中灰色(ss)桦尺蛾每年减少 20%,个体黑色(SS 和 Ss)每年增加 10%,请计算该种群每年的基因型频率和基因频率,并填入表 4-3-3 中。

表 4-3-3

		第一年		第二年		第三年		…
		个体数	频率	个体数	频率	个体数	频率	
基因型	灰色 ss	100						
	黑色 Ss	200						
	黑色 SS	700						
基因频率	s	/						
	S							

2. 在第1题中,自然选择直接选择的是表型还是基因型?

3. 根据第1题中数据,尝试解释"在欧洲某些工业污染区,桦尺蛾的体色多为深色,而在未污染区多为浅色"这一现象。

归纳:突变的方向是不确定的,但一旦产生,就在自然界中受到选择的作用。自然选择不断地淘汰不适应环境的类型,从而_____(填"定"或"不定")向地改变种群中的基因频率向适应环境的方向演化,由此可见自然选择_____(填"决定"或"不决定")进化的方向。

活动四:完善图4－3－7中的概念图,阐述隔离可能导致新物种的产生

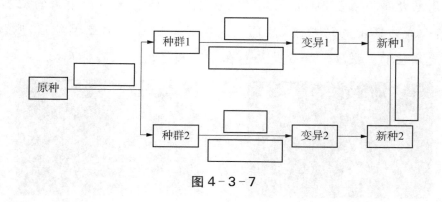

图4－3－7

—— 课后检测 ——

一、海岛的动植物们

在一个海岛中,一种海龟中有的脚趾是连趾(ww),有的脚趾是分趾(Ww、WW)。连趾海龟便于划水,游泳能力强,分趾海龟游泳能力较弱。开始时,w 和 W 的基因频率各为 0.5,当岛上食物不足时,连趾的海龟更容易从海中得到食物。若干万年后,W 的基因频率变为 0.2,w 的基因频率变为 0.8。

1. 基因频率发生变化后,从理论上计算,杂合子分趾海龟所占比例为_____。

2. 该种群中海龟多种多样的类型来源于可遗传的变异,但由于变异是_____的,因此只为生物进化提供原材料,而进化的方向则由_____决定。

3. 该海龟种群_____(填"是"或"否")发生了进化,理由是_____。

海岛中存在一年生的某种植物群体,其基因型为 aa,开白色花。有一年,洪水冲来了许多 AA 和 Aa 种子,开红色花。不久群体基因型频率变为 $55\%AA$、$40\%Aa$、$5\%aa$。

4. 该地所有的该种植物群体属于一个_____。

5. 洪水冲来了许多 AA 和 Aa 种子后，该群体的 A 和 a 的基因频率分别为_____和_____。

6. 若这一地区没有给该种植物传粉的昆虫，所有植物都是自花传粉。在 3 代自交后，群体中 AA、Aa、aa 的频率分别是_____、_____和_____。在这三年中，该植物种群是否发生了进化？_____，理由是_____。

7. 若该种植物靠当地的一种昆虫传粉，且色彩鲜艳的红花更能吸引昆虫，这三种基因型的个体在该环境中的繁殖能力强弱表现为：_____。图 4-3-8 中能比较准确地表示 A 和 a 基因在长期的选择过程中比例变化情况的是 （ ）

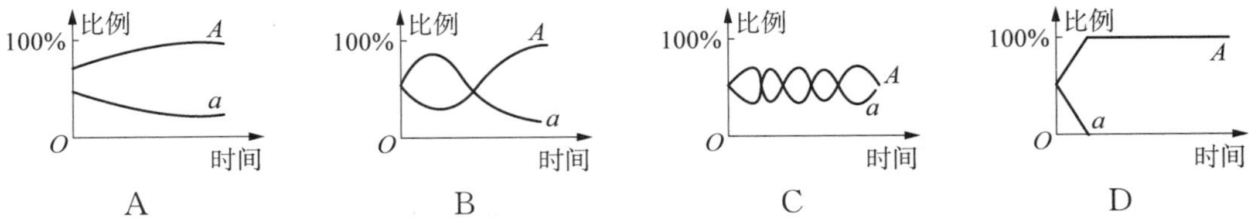

图 4-3-8

8. 若没发洪水前的群体和洪水冲来的群体的个体之间由于花期不同，已不能正常授粉，说明这两个群体属于不同的_____。

二、自私的基因

你看过《自私的基因》这本书吗？作者为什么用这样的标题呢？基因是没有欲望的，但是用拟人化的方式思考问题，有时却是有用的。虎有成千上万个基因，有的决定牙齿的锐利程度，有的决定肌肉的粗壮程度……

1. 在某一种群中，经过调查得知，隐性性状（等位基因用 A、a 表示）约占 9%，那么该性状的 AA、Aa 基因型个体出现的频率分别约为 （ ）

A. 0.9、0.82　　　B. 0.36、0.55　　　C. 0.49、0.42　　　D. 0.18、0.73

2. 下列因素中对生物种群基因频率的变化影响最小的是 （ ）

A. 随机交配　　　B. 自然选择　　　C. 基因突变　　　D. 染色体变异

3. 某种药物刚问世时，可治疗病毒性感冒，疗效很高；几年后，疗效渐渐降低，其根本原因可能是 （ ）

A. 病毒接触了药物后，慢慢产生了抗药性基因

B. 病毒为了适应环境，产生了抗药性基因变异

C. 抗药性个体大量出现是自然选择的结果

D. 后来的药量用少了，产生了抗药性基因变异

4. 某植物种群中 AA、Aa、aa 的基因型频率如图 4-3-9 甲所示，种群中每种基因型的繁殖成功率如图 4-3-9 乙所示。种群随机交配产生的后代中 aa 个体百分比、A 基因频率的变化最可能是 （ ）

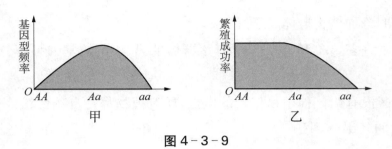

图 4 - 3 - 9

A. 增加、减少   B. 减少、减少   C. 减少、增加   D. 增加、增加

5. 把你自己想象成虎体内的一个基因,你不仅不愿意自己在虎的后代中消失,而且想让越来越多的虎拥有自己的拷贝。你怎样才能达到这一目的呢? 你将选择做哪一种基因?

— 课后反思 —

1. 请自主梳理本节课的知识结构。(如用思维导图或概念图的方式)

2. 还存在哪些知识疑惑,或还需要解决的问题有哪些?(结合重难点和易错点)

第 4 课   物种形成和灭绝是进化过程中的必然事件

内容出处

普通高中教科书必修 2 第 4 章第 3 节。

课标要求

1. 内容要求:(1)阐述变异、选择和隔离可导致新物种形成。(2)说明适应是自然选择的结果。
2. 学业要求:探讨地球上现存的丰富多样的物种是由共同祖先长期进化形成的。

学习目标

1. 阐述隔离、变异和选择是新物种形成的基本环节。
2. 举例说明物种的形成和灭绝过程中的主要事件及其意义,能运用进化与适应的生命观念解释新物种形成过程中的适应辐射。

3. 关注人类活动加快物种灭绝的实例,概述物种的形成和灭绝在生物进化过程中都是有意义的必然事件,人类活动以及环境的剧烈改变可增加物种灭绝的速度。宣传关爱生命、保护生物与环境的观念和知识。

评价任务

表 4-4-1

评 价 内 容	等第(在对应的等第内打√)			
	优秀	良好	合格	不合格
1. 说出生殖隔离是区分不同物种的重要标志,对于物种的界定形成清晰的认识				
2. 阐述隔离、变异和选择可导致新物种形成,回忆现代进化理论的渐变式进化模型,辨析物种形成的其他方式,认同生物多样性形成的生物学意义				
3. 举例说出生物进化历程伴随着物种的形成和灭绝,以寒武纪物种大爆发和侏罗纪恐龙灭绝为例,认同在生物进化史中,物种灭绝和新物种形成一样重要				
4. 结合相关资料,对人与生物多样性的关系进行讨论,概述保护生物多样性的可能措施				

学习过程

—— 学习建议 ——

1. 本学习内容的地位和作用

本节课包括三部分内容:生殖隔离是区分不同物种的重要标志;隔离、变异和选择可导致新物种形成;生物进化历程伴随着物种的形成和灭绝。本节课内容是对前面“生物进化理论在不断发展”的延续,也是整个章节内容的升华,通过本节内容的学习,学生可以在更长的时间维度上理解环境选择与物种形成的关系,结合实例阐释适应的自然选择的结果,概述物种的形成和灭绝在生物进化过程中都是有意义的必然事件,形成关爱生命、保护生物多样性的环保理念。

2. 学习路径

如图 4-4-1。

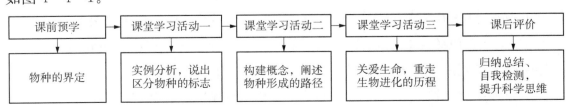

图 4-4-1

3. 学习重点和难点

学习重点是阐述隔离、变异和选择是新物种形成的基本环节,难点是形成关爱生命、保护生物与环境的观念。

4. 评价标准

完成课前预学,联系生活,初步了解生物隔离的概念。

完成课堂学习活动一,结合生活实例,说出生殖隔离的类型,并阐述生殖隔离是区分不同物种的标志。

完成课堂学习活动二,举例阐述物种形成的路径,并构建物种形成概念图。

完成课堂学习活动三,了解物种灭绝过程,建立关爱生命、保护自然的观念。

（时间:5 min）

任务:如图4-4-2,游隼和凤头鹰在外观上非常相似,但它们并不能相互交配。马和驴能交配产生骡子,骡的繁殖力极其差,但生命力和抗病力强,饲料利用率高,体质结实,肢蹄强健,富持久力,易于驾驭,使役年限可长达20～30年,役用价值比马和驴都高。世界各地的人种在外观上差别很大,但他们婚配能生出可育后代。

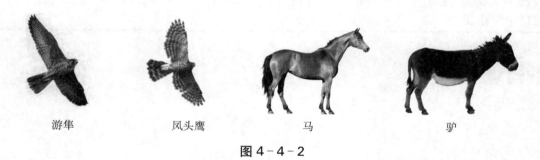

| 游隼 | 凤头鹰 | 马 | 驴 |

图4-4-2

1. 游隼和凤头鹰是同一物种吗? 马和驴是同一物种吗? 世界各地的人是同一物种吗?

2. 请综合上述信息,阅读课本,尝试对物种这一概念进行界定。

对于有性生殖的生物而言,＿＿＿＿＿＿＿＿＿＿＿＿＿＿＿＿＿＿＿＿＿＿的群体称为物种。不同物种之间存在生殖隔离。

— 课堂学习 —

活动一:阅读下列资料,说出区分物种的标志(达成学习目标1,对应评价任务1)

资料1:不同物种不能交配或交配后不能产生可育后代,形成生殖隔离。生殖隔离具有多种形式:有些物种间的生殖隔离会阻止它们进行交配和受精;有些物种间能够受精,受精后形成的受精卵不能发育成个体。

1. 阅读上述资料并结合课本对图4-4-3中发生在受精前的生殖隔离形式进行连线匹配。

案例	形式
某平原东西部斑臭鼬发情期、繁殖期的不重合	行为隔离
某花纹蛇主要生活在水中,其某种近亲却生活在陆地	时间隔离
不同种蓝脚鲣鸟具有不同的求偶行为,且仅对同种鲣鸟具有性吸引力	机械隔离
不同种的蜗牛由于身体结构不相容,不能相互交配	栖息隔离

图 4-4-3

2. 尝试举出其他发生在受精后的生殖隔离的例子。

活动二:构建概念,阐述物种形成的路径(达成学习目标 1,对应评价任务 2)

资料 2:15 世纪,有人将一窝欧洲家兔释放到原本没有兔子的北大西洋中的帕托桑托岛上,并与原种群形成了地理隔离。19 世纪,人们发现该岛屿上的兔子已经和欧洲家兔有了很大不同,体型只有欧洲家兔的一半大小,更喜欢夜间活动,且已经与欧洲家兔无法产生后代。

资料 3:绝大多数鸟类具有飞行能力,部分鸟类会根据环境的变化进行长距离迁徙,称为候鸟。大雁是我国一种典型的候鸟,秋冬时节"大雁南飞,鸿雁传书"寄托了古代中国人对远方亲人的思念之情。分布在科罗拉大峡谷南侧的哈里斯羚松鼠与相距仅数千米的北侧的近亲白尾羚松鼠分属于两个不同的物种。

资料 4:有时候地理隔离未必能产生生殖隔离。例如,老虎最初栖息于亚洲东北部,后来逐渐向南、西扩展,形成了目前东北虎、华南虎、马来虎等不同的种群,它们在分布、体型、习性等方面都有一定差异,但仍属于一个物种。

资料 5:物种形成的其他方式。

① 同域物种形成:例如,生长在一个年轻火山岛上的两种棕榈,豪爵棕榈和拱叶豪爵棕榈,前者偏好生活在碱性土壤中,开花期在一月中旬;后者偏好酸性和中性土壤,开花期晚 6 个月,它们在外形上几乎无差别,但却具有明显的(时间)生殖隔离,这种差异是由于关键性状——开花期变异导致的。

② 邻域物种形成:银鸥的不同亚种环北极形成一条链,链上相邻亚种之间都有基因交流,不相邻的亚种之间却无法产生可育后代。这种现象是由于栖息地边缘环境的差别阻碍了基因交流。

③ 自然界中许多植物都可以发生染色体数目变异形成多倍体,比如自然状态下的野生香蕉是二倍体,有种子。但作为商品广泛种植的香蕉却是三倍体,甜度更高且没有种子,与

野生香蕉之间存在生殖隔离,如图4-4-2。

无种子的食用香蕉　　　　　　有种子的野生香蕉

图4-4-4

1.请结合资料2,判断帕托桑托岛屿上的兔子相较于欧洲家兔是否为一新物种,为什么?

2.请结合资料3和资料4,说明地理隔离的程度是如何影响新物种形成的速度,地理隔离一定会导致新物种形成吗?

3.请结合资料5,讨论新物种形成是否一定需要地理隔离呢? 为什么?

活动三:关爱生命,重走生物进化的历程(达成学习目标2、3,对应评价任务3、4)

资料6:观看寒武纪物种大爆发与侏罗纪物种大灭绝的相关视频。

资料7:在南美洲西海岸外的加拉帕戈斯群岛上生活着14种地雀,它们既相似又相异,尤其是喙的大小和外形有着显著的差异,有的适于啄食种子,有的适于觅食昆虫。这些地雀属于南美大陆的类型,它们的祖先是从大陆迁徙而来,但它们世世代代被隔离在不同海岛上,由于栖息地和食性的不同,通过长期自然选择,形成了各种形式的喙,产生了不同的地雀种类,如图4-4-5。

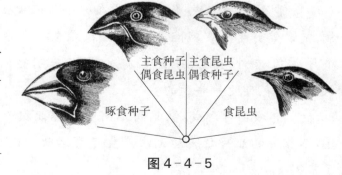

图4-4-5

资料8:观看"人类活动与物种灭绝"视频。

1. 结合资料 6,论述为何在漫长的进化历程中,物种的形成和灭绝都是必然事件。物种灭绝只有坏处么?

2. 阅读资料 7,说出"适应辐射"的概念。

3. 结合资料 8,思考并说出人类活动对生物多样性的影响。

课后检测

一、奇妙的加拉帕戈斯群岛

　　加拉帕戈斯群岛,以其保持原始风貌的独特生物物种而闻名于世,素有"生物进化活博物馆"之称,1979 年被列入世界遗产名录。群岛由 1 个大岛、4 个中岛、以及 14 个小岛组成。群岛的位置极其特殊,正处在寒暖洋流交汇处,来自南部的秘鲁寒流和北部的赤道暖流交汇于此。这里的海洋生物异常丰富,喜寒、喜暖动物一应俱全。除此之外,地球上还没有什么地方能让企鹅和热带珊瑚鱼同游一水间。

　　1. 加拉帕戈斯群岛与厄瓜多尔隔海相望,两地生物种类有许多不同,造成这种现象的原因最可能是　　　　　　　　　　　　　　　　　　　　　　　　　　(　　)

A. 祖先不同　　　　　　　　　　B. 变异方向不同

C. 岛上生物没有进化　　　　　　D. 自然选择方向不同

　　2. 图 4-4-6 为加拉帕戈斯群岛鸟类的分布情况,甲岛分布着 S、L 两种鸟,乙岛的鸟类是 S 鸟的迁移后代,下列相关叙述错误的是　　　　　　　　　　　　　　(　　)

图 4-4-6

A. 甲岛所有的鸟类称为一个种群

B. 可遗传变异为乙岛鸟类进化提供了可能

C. 乙岛的鸟类与 S 鸟可能具有生殖隔离

D. 甲、乙岛的自然条件决定了鸟类的进化方向

　　3. 图 4-4-7 表示加拉帕戈斯群岛上某种小鼠的进化过程,X、Y、Z 表示物种形成的基本环节,下列有关说法正确的是　　　　　　　　　　　　　　　　　　　　(　　)

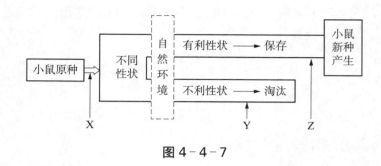

图 4-4-7

A. 小鼠原种与小鼠新种可组成一个种群

B. X 表示基因突变和染色体变异,为进化提供原材料

C. Y 使该种群基因频率发生定向改变,决定了进化的方向

D. Z 表示地理隔离,能阻断种群间基因的交流,一定会导致新物种产生

4. 如果岛上有两个小群体的动物,在形态结构上相近,它们必须具备下列哪一特征才能归为一个物种 (　　)

A. 它们的食物种类要相同　　　　B. 它们必须分布在同一地理区域内

C. 它们的毛色一定相同　　　　　D. 能相互交配繁殖并产生可育后代

5. 加拉帕戈斯群岛上生活着 14 种"达尔文地雀",其种间杂交一般是不育的。图 4-4-8 是地雀不同形状的喙,下列相关叙述中,正确的是 (　　)

A. 四种地雀喙的差异是由于不同食物的刺激所致的不同变异

B. 四种地雀喙的形成是地雀对环境主动适应的结果

C. 四种地雀喙的性状分化证实了物种形成的机制

图 4-4-8

D. 四种地雀喙的形成是定向变异逐渐积累导致的

6. 达尔文进化论认为:加拉帕戈斯群岛上的地雀能够适应岛上的环境,是长期_____的结果;现代进化理论认为,_____是生物进化的基本单位。

7. 图 4-4-8 中四种地雀都是由大陆地雀进化而来的,它们因适应不同的生活环境而分化成不同的种类,这种现象称为_____;由于各小岛彼此独立,生活在这些小岛上的地雀由于长期的_____而断绝了基因交流,最终导致生殖隔离。

二、昆虫翅膀与物种形成

某昆虫的翅可按长度分为残翅、中翅和长翅,且残翅昆虫不能飞行,翅越长运动能力越强,图 4-4-9 表示某地区该种昆虫的翅长与个体数量的关系。

1. 图 4-4-9 中该种昆虫翅长差异的根本来源是_____。

2. 如果有两个较小的此种昆虫的种群迁入了甲、乙两个岛屿,其中甲岛食物匮乏,运动能力强的生物更容易获得食物;乙岛经常有大风浪,飞行的昆虫容易被吹入大海淹死。我们能从这一事实得到的结论是:_____

_____。

3. 请在图4-4-10中画出昆虫在甲岛屿繁殖数代以后翅长与个体数量的柱状图。

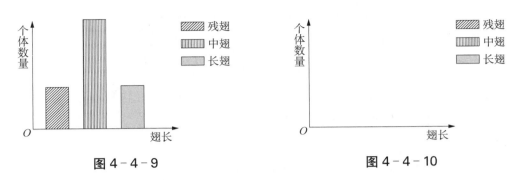

图4-4-9   图4-4-10

4. 若干年后,甲岛屿形成的昆虫种群 A 与乙岛屿形成的昆虫种群 B 再次相遇,但它们已不能进行相互交配,说明两种群的基因库存在很大差异,导致它们之间形成了_____,而产生这种差异的原因有:

① _____ ;

② _____ 。

5. 现有 1000 只该种昆虫迁入丙岛屿,其中基因型为 AA 的个体有 550 只,Aa 的个体有 300 只,aa 的个体有 150 只,如果不考虑自然选择和突变,昆虫个体进行自由交配,且每只昆虫的繁殖能力相同,则繁殖 3 代以后,该种群中 A 的基因频率为_____,Aa 的基因型频率为_____。

—— 课后反思 ——

1. 请以概念图的形式自主梳理本节课的知识结构。

2. 还存在哪些知识疑惑或还需要解决的问题有哪些?

第4章 学业评价

一、人类的进化

瑞典生物学家斯万特·帕博成功提取、测序了古人类骨化石中的部分线粒体 DNA,绘制了尼安德特人基因组草图,在人类进化研究方面作出了突出贡献。

1. 现代生物进化理论认为,生物进化的基本单位是_____。

2. 斯万特·帕博团队将古人类化石中的线粒体 DNA 与现代人类线粒体 DNA 进行比较,获得人类进化的证据属于 （ ）

A. 化石证据　　　　B. 比较解剖学证据　C. 胚胎学证据　　　D. 分子生物学证据

3. （多选）人类线粒体 DNA 在进化的过程中变化非常小,一个人的线粒体 DNA 很可能与他们的远祖非常相似。下列有关线粒体的叙述错误的是 （ ）

A. 线粒体基因遗传时遵循孟德尔遗传定律

B. 线粒体基因与 Y 染色体上基因传递规律相同

C. 葡萄糖可在线粒体中氧化分解释放能量

D. 线粒体 DNA 可以指导蛋白质的合成

斯万特·帕博分析了现代人与尼安德特人、黑猩猩之间线粒体 DNA(mtDNA)特定序列的碱基对差异,得到的结果如下图所示:

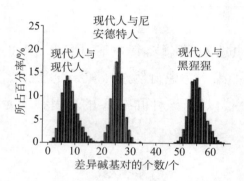

4. 依据上图中信息,请补充完整下面的进化关系图,在方框内填写数字编号:

① 现代人　② 黑猩猩　③ 尼安德特人

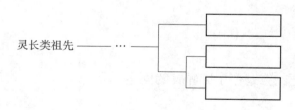

5. （多选）现今的人类通常可划分为 4 个人种,即黄色人种、白色人种、黑色人种和棕色人种。下列说法正确的是 （ ）

A. 4 个人种之间不存在生殖隔离　　　　B. 黄色人种和白色人种属于不同的物种

C. 人类的进化与环境变化密切相关　　　D. 可遗传的变异为人类进化提供丰富素材

6. 斯万特·帕博团队在研究若干尼安德特人的骨头、牙齿等标本时发现,其中一位男子与一名女子含有相同的 X 染色体 DNA,则两人的关系可能为_____。（填编号）

① 爸爸和女儿　② 哥哥和妹妹　③ 妈妈和儿子　④ 爷爷和孙子

研究发现,藏族人身体中携带的 EPAS1 突变基因也有可能来源于古老型人类。低氧条件下野生型 EPAS1 基因表达,易导致红细胞过度增多,诱发高原红细胞增多症,而 EPAS1

突变基因对低氧不敏感。

7. 已知在青藏高原世居的藏族人群中 EPAS1 突变基因的基因频率为 0.7，则理想状态下人群中杂合子所占的比例为_____。

8. 结合题干信息及所学的知识，解释 EPAS1 突变基因在青藏高原世居藏族人群中的基因频率远高于低海拔地区人群的原因：_____

_____。

二、物种的形成

2013 年 3 月，澳大利亚詹姆士库克大学的研究人员在麦维尔角地区发现一种独特的壁虎（壁虎甲）。它们有一条像叶片一样宽大的尾巴，修长的身形和四肢，还有一双巨大的眼睛，而这些特征利于该壁虎很好地适应丛林环境。

9. 麦维尔角地区还有一种普通壁虎，若普通壁虎与壁虎甲能交配且能产生后代，则普通壁虎与壁虎甲_____（填"一定"或"不一定"）属于同一物种，理由是：_____

_____。

10. 与普通壁虎相比，壁虎甲的形态发生较大变化，按照现代生物进化理论如何解释？

_____。

壁虎甲的某一相对性状由位于 X 染色体上的等位基因 A 和 a 控制，抽样调查得知当年雌雄个体的比例为 1：1，雌性个体中 $X^A X^A$、$X^A X^a$、$X^a X^a$ 三种基因型个体所占比例依次为 60%、30% 和 10%，雄性个体中 $X^A Y$、$X^a Y$ 两种基因型各占 50%。

11. 该种群中 A 基因的频率约为_____（用分数表示）。由于不含 A 基因的个体易被天敌捕食，致使该种群中这对等位基因频率的变化情况是：_____
_____，由此说明该壁虎种群在不断地发生进化。

同一物种，分布地域不同，会导致基因不能自由交流，从而可能出现亚种，华南虎和东北虎就是这样的两个亚种。东北虎（又称西伯利亚虎）分布于中俄边境及朝鲜一带，估计种群数量约有 437～506 头。华南虎分布于我国华中地区的南部，估计种群数量约有 20～30 头。

12. 一个华南虎种群中的全部个体所含的全部基因，是这个种群的基因库，依据现代进化理论，_____是进化的基本单位。

13. 在对某一种群进行调查时，发现基因型为 DD 和 dd 的个体所占的比例分别为 15% 和 75%（各种基因型个体生存能力相同），第二年对同一种群进行的调查中，发现基因型为 DD 和 dd 的个体所占的比例分别为 5% 和 65%，在这一年中，该种群是否发生了进化？____（填"是"或"否"），理由是：_____。

14. 华南虎和东北虎由于分布地域不同，导致基因不能自由交流的现象，叫做_____，很多年以后，它们可能会分别形成新物种，那么必须经过突变和基因重组、_____及隔离三个步骤。

三、西瓜的进化

西瓜原产于非洲，通过驯化与现代育种，西瓜从果小、果肉硬、颜色浅、味苦的野生西瓜，发展到果大、果肉脆、红、甜的现代西瓜(栽培品种)。西瓜现存 7 个品种,科研人员对西瓜基因组进行了测序,并利用"四倍简并位点"的差异推断了这 7 个品种的亲缘关系:罗典西瓜是其他 6 个品种的姊妹,其次是药西瓜和热迷西瓜,缺须西瓜与饲用西瓜、黏籽西瓜、栽培西瓜的亲缘关系较近,黏籽西瓜与栽培西瓜的亲缘关系尤为密切。

15. 科研人员构建了西瓜 7 个品种的进化关系如下图所示,请根据题干补全该图:(1)_____,(2)_____,(3)_____,(4)_____(填编号)。

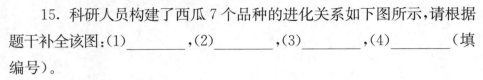

① 黏籽西瓜　② 药西瓜　③ 罗典西瓜　④ 缺须西瓜

16. 由题干可知,科研人员构建西瓜 7 个品种的进化关系图的依据属于_____(填编号)。

① 化石证据　② 胚胎学证据　③ 比较解剖学证据　④ 细胞生物学证据　⑤ 分子生物学证据

"四倍简并位点"可用于研究生物的进化过程。一个遗传密码子通常由三个核苷酸构成,每个核苷酸称为一个位点。如果密码子的某个位点上任何核苷酸都编码同样的氨基酸,这个位点就称为四倍简并位点。

		第二位碱基			
		U	C	A	G	
第一位碱基(5′端)	U	UUU UUC 苯丙氨酸 UUA UUG 亮氨酸	UCU UCC UCA UCG 丝氨酸	UAU UAC 酪氨酸 UAA UAG 终止密码子	UGU UGC 半胱氨酸 UGA 终止密码子 UGG 色氨酸	U C A G 第三位碱基(3′端)
	C	CUU CUC CUA CUG 亮氨酸	CCU CCC CCA CCG 脯氨酸	CAU CAC 组氨酸 CAA CAG 谷氨酰胺	CGU CGC CGA CGG 精氨酸	U C A G

17. 请根据上表(部分通用密码子表)用"○"圈出下图所示核酸中的四倍简并位点。

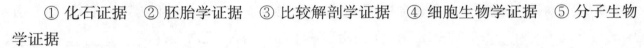

(注:AUG 为起始密码子)

"四倍简并位点"现象体现了密码子的_____性,该特性的意义是_____

_____。

18. (多选)现在的西瓜,栽培品种的果实普遍较大、果肉较甜,而野生西瓜的果实相对较小、果肉较苦。下列相关叙述错误的是　　　　　(　　)

A. 有苦味的野生西瓜不利于人类食用,是一种不利变异

B. 果实大、果肉甜等性状的出现可能是基因突变的结果

C. 野生西瓜不适应现在的环境,在不久的将来会很快灭绝

D. 栽培品种和野生西瓜有很多不同性状,所以是两个物种

19. 利用某种西瓜的品种 1($2n=22$)和品种 2($4n=44$)培育出了无籽西瓜($3n=33$),该过程发生的变异为　　　　　　　　　　　　　　　　　　　　　　　　　　（　　）

    A. 染色体数目整倍体变异　　　　　　　B. 染色体结构变异之重复

    C. 染色体数目非整倍体变异　　　　　　D. 染色体结构变异之易位

世界不同地区有不同的西瓜栽培品种,8424 是适合上海种植的品种。市售的 8424 有两种果皮颜色,某研究小组完成了下表所示的实验,并获得了对应的实验结果。

组别	P	F$_1$	
		墨绿	浅绿
1	墨绿×墨绿	319	0
2	墨绿×墨绿	241	79
3	浅绿×浅绿	0	314
4	墨绿×浅绿	153	144

20. 根据组别　　　　　　　可以判断　　　　　　　为显性性状。

21. 组别 4 亲本的基因型依次为　　　　　　　　　　（相关基因用 A、a 表示),其中 F$_1$ 的墨绿个体间杂交所得 F$_2$ 的表型及比例为　　　　　　　　　　　　　　　。

22. 西瓜幼苗的生长状况直接影响西瓜的产量,光照、温度等条件都会对西瓜幼苗的生长产生影响。为探究不同颜色的光对西瓜幼苗生长的影响,设计了如下实验步骤,其中合理的是　　　　　　　　　　。（填编号）

    ① 将平时吃西瓜吐的籽收集起来作为实验材料培育西瓜幼苗

    ② 到当地的种子店购买西瓜种子作为实验材料培育西瓜幼苗

    ③ 将培育的西瓜幼苗随机分为 5 组

    ④ 将培育的西瓜幼苗按株高分为高、较高、重点、较低、低 5 组

    ⑤ 1 组幼苗作为对照组,给予白光照射;4 组幼苗作为实验组,给予不同颜色的光（红光、蓝光、不同比例的红蓝混合光等）照射

    ⑥ 5 组幼苗均作为实验组,给予不同颜色的光（红光、蓝光、不同比例的红蓝混合光等）照射

    ⑦ 保持光照强度、温度、二氧化碳浓度等条件一致

    ⑧ 测定幼苗叶片的叶绿体含量、光合速率

    ⑨ 测定幼苗叶片的 RuBisco（碳反应过程的一种关键酶）的活性

四、鱼类育种

利用卵细胞培育二倍体是目前鱼类育种的重要技术,其原理是经辐射处理的精子入卵后不能与卵细胞核融合,只激活卵母细胞完成减数分裂,后代的遗传物质全部来自卵细胞。关键步骤包括:①精子染色体的失活处理;②卵细胞染色体二倍体化等。

23. 经辐射处理可导致鱼类精子部分染色体断裂失活,该变异属于　　　　　　　　（　　）

A. 基因突变　　　　　B. 染色体结构变异　C. 基因重组　　　　　D. 染色体数目变异

24. 甲图所示是鱼类初级精母细胞中的两对同源染色体,其减数分裂过程中,同源染色体发生交叉互换形成了图乙所示的四种精子,其中来自同一个次级精母细胞的是 （　　）

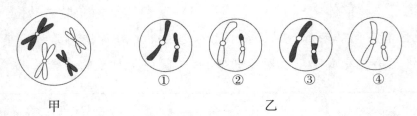

甲　　　　　　　　　　　　　　　　乙

A. ①②　　　　　　　B. ①④　　　　　　　C. ②③　　　　　D. ②④

25. (多选)鱼类卵母细胞在减数分裂过程中排出的极体最终会退化消失,鱼类体内细胞也会经历增殖、分化、衰老和死亡等生命历程,下列相关叙述错误的是 （　　）

A. 鱼类所有的体细胞都具有发育全能性,因为它们具有相同的遗传物质

B. 鱼类细胞分化的实质是基因的选择性表达,遗传物质并不会改变

C. 鱼类发育过程中凋亡的细胞会释放内容物,对周围健康细胞造成影响

D. 鱼类衰老的细胞中所有酶的活性降低,新陈代谢速率减慢

26. 如下图,卵细胞的二倍体化有两种方法:用方法一获得的子代是纯合二倍体,导致染色体数目加倍的原因是低温抑制了细胞分裂过程中_____（结构)的形成;用方法二获得的子代通常是杂合二倍体,这是因为_____。

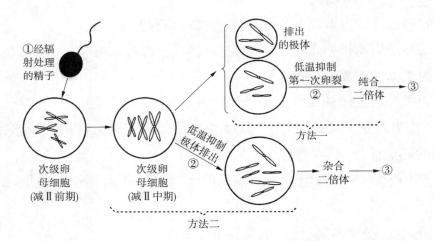

27. 用上述方法繁殖鱼类并统计子代性别比例,可判断其性别决定机制。若子代性别_____,则其性别决定为 XY 型;若子代性别_____,则其性别决定为 ZW 型（WW 个体不能成活)。

28. 已知金鱼的正常眼(A)对龙眼(a)为显性,基因 B 能抑制龙眼基因表达,两对基因分别位于两对常染色体上。偶然发现一只有观赏价值的龙眼雌鱼,若用卵细胞二倍体化的方法进行大量繁殖,子代出现龙眼个体的概率为_____;若用基因型为 AABB 的雄鱼与该雌鱼杂交,得到的子一代相互交配得到子二代,则子二代出现龙眼个体的概率为_____。